KB054161

일 잘하는 마케터는
스토리를 만든다

마케터는 스토리를 만든다

박희선 지음

매일경제신문사

　이 책은 단순한 마케팅 가이드를 넘어, 혁신적인 아이디어와 전략을 통해 브랜드에 생명을 불어넣는 방법을 제시하는 지침서입니다. 저자는 AI 로봇, 블록체인 등의 신사업과 프로젝트를 통해 쌓은 20년 이상의 경험을 바탕으로, 스토리텔링이 어떻게 기업의 정체성을 형성하고, 소비자의 마음을 사로잡는지를 생생하게 전달합니다.

　현대 사회에서 스토리텔링은 브랜드와 소비자 사이의 강력한 유대감을 형성하는 데 핵심적인 역할을 합니다. 이 책은 그 연결 고리를 만들기 위해 필요한 요소들을 제시하며, 상품과 서비스 그 자체가 아닌 가치와 철학을 어떻게 전달할 수 있는지 알려줍니다. 저자는 스토리텔링이 단순히 감성을 자극하는 것을 넘어, 소비자의 행동을 변화시킬 수 있는 강력한 도구임을 설득력 있게 보여줍니다.

　특히 성공적인 스토리텔링을 위한 7가지 핵심 요소와 단계별 전략을 제공하여, 실무에 바로 적용할 수 있는 실용성이 있습니다. 경력에 관계없이 누구나 자신의 업무에 스토리텔링의 힘을 불어넣을 수 있도록 돕는 것이 이 책의 장점입니다. 무엇보다 22개의 다양하고 구체적인 사례를 통해 스토리텔링 기법을 생동감 있게 설명하고 있어, 독자들이 쉽게 이해하고 적용할 수 있을 것입니다. 또한 각 장마다 핵심 요약과 실전 팁을 제공하여, 바쁜 현대인들도 책의 내용을 효과적으로 흡수할 수 있도록 구성되어 있습니다.

이 책은 스토리텔링을 통해 브랜드 경쟁력을 높이고자 하는 마케터와 기업인들에게 신선한 통찰과 실질적인 전략을 제공할 것입니다. 이 책과 함께라면, 여러분의 브랜드에 생명을 불어넣는 마법 같은 스토리텔링의 세계로 깊이 빠져들 수 있을 것입니다.

조인후 비즈니스 스토리텔러

가장 위대한 것은 가장 자연스러운 것이다. 이 책은 스토리텔링의 자연스러움(Natural)을 담고 있다. 마케팅에 있어 상품의 품질과 기능 홍보에만 집중할 경우 간과하기 쉬운 스토리텔링의 기능과 기법들을 자연스럽게 잘 정리해 놓았다. 경쟁사 또는 경쟁 관계의 상품들과 차별화를 기하고 고객들과 특별한 관계를 형성하기 위해서는 기업과 상품 모두 고유한 스토리를 갖고 소통해야 하는 시대가 왔다. 고전적인 상품뿐 아니라 AI, 메타버스와 같은 최첨단의 서비스들도 마찬가지다. 스토리텔링의 중요성이 더욱 강조되는 요즈음, 마케팅을 공부하는 학생들이나 초보 마케터들에게 다양한 스토리텔링 기법과 전략을 소개하는 본서를 교양, 입문서로 추천하고 싶다.

이상근 서강대학교 경영학부 교수

온갖 브랜드와 상품에 대한 정보가 넘쳐 나는 세상이다. 우리 브랜드와 상품을 어떻게 소비자에게 각인시킬 것인가. 스토리텔링은 브랜드의 가치와 차별화 포인트를 효과적으로 전달할 마케팅의 중요한 수단이다. 30년 넘게 잡지에 몸담으며 브랜드의 성패에 스토리텔링의 힘이 얼마나 큰지 숱하게 경험했다. 우리 브랜드와 상품에 맞는 마케팅 솔루션을 찾고 싶다면, 성공적인 스토리텔링을 위한 기본 이론부터 시장에서 인정받은 기업의 사례까지 다양하게 담은 이 책을 권한다.

윤경혜 전 코스모폴리탄엘르 CEO, 브랜드컨설팅사 눈이부시게 대표

여기 대나무 바구니를 파는 두 사람이 있습니다. 두 사람이 파는 물건은 정확하게 같지요. 그런데 한 사람은 물건을 아주 잘 팔고 있지만, 또 다른 사람은 그렇지 못합니다.

자세히 들여다보니 물건을 잘 팔지 못하는 사람도 노력을 안 하는 것은 아닙니다. 그는 행인들에게 촘촘하게 잘 짜인 대나무 바구니의 쓰임새와 장점을 열심히 설명하고 있습니다. 그렇지만 바구니에 대해 이미 잘 알고 있던 행인들은 별다를 것 없는 물건에 큰 관심을 기울이지 않네요.

그런데 얼마 떨어지지 않은 곳에서 똑같은 대나무 바구니를 잘 팔고 있는 사람은 무언가 다릅니다. 그 역시 바구니의 쓰임새와 기능, 장점을 설명하는 것은 같았지만 덧붙이는 것이 있었습니다. 그는 자신이 갖고 나온 물건이 평범한 대나무 바구니로 보이지만 좀 특별한 이야기가 있다며 늘어놓습니다.

바구니의 원재료는 고급 대나무 산지로 유명한 '전라남도 담양의 것'이며, 좋은 땅의 정기를 받고 자란 대나무를 잘 씻고 말린 후 3대째 가업을 물려받은 공예 장인이 한 땀 한 땀 공을 들여 튼튼하게 짜 만든 바구니라고 말이죠. 플라스틱 바구니와 달리 대나무 바구니에서는 향긋한 냄새도 풍겨 나오며, 몸에 해로운 환경 호르몬도 나오지 않는다고 덧붙입니다.

바구니를 쓰는 집에는 복이 들어온다는 조금은 억지스러운 의미까지 부여합니다. 그야말로 이것은 '복 바구니'인 셈입니다. 그 사람의 이야기는 재밌습니다. 그의 물건에는 담양 장인이 손수 각인했다는 작은 글씨까지 새겨져 있죠. 이야기와 결부된 표식 하나로 평범해 보이기만 했던 물건이 곧 다른 곳에서는 구하기 힘든 특별한 것이 되었습니다.

물건의 성능과 기능에 관한 설명은 첫 번째 상인이 더 나아 보입니다. 그런데 사람들은 가격이 더 높은데도 불구하고 바구니의 유래와 만든 이에 관해 다소 장황하게 이야기를 늘어놓는 두 번째 상인에게 물건을 사갑니다. 두 사람의 차이는 무엇일까요?

전자의 사람에게는 스토리가 없고 후자의 사람에게는 스토리가 있습니다. 상황과 물건을 정확하게 묘사하는 기계적 서술이 아니라 그 상황과 물건에 맥락을 부여하고 생동감을 불어넣는 '스토리' 말입니다. 세상에 없던 새로운 상품이 나올 때는 말할 것도 없고, 이미 이전에 나와 있던 상품이라 할지라도 알려지지 않았던 이야기로 포장을 한다면 그 상품과 서비스에 대한 사람들의 시선과 인식을 바꿀 수 있습니다. 또 구매나 이용을 확정 짓는 동기를 제공할 수 있지요.

'말 한마디로 천 냥 빚을 갚는다'라는 표현이 있습니다. 천 냥이라는 빚의 본질은 어떤 상황에도 변하지 않습니다. 하지만 화자가 말하는 이야기, 곧 스토리에 따라 듣는 사람의 마음은 움직일 수 있습니다. 천 냥의 빚마저 탕감해 줄 아량을 샘솟게 만드는 것이 곧 스토리의 힘입니다.

치열한 경쟁과 정보의 즉시공유성이 심화되는 현대 사회입니다. 오랜 시간 공을 들여 만들어낸 상품과 서비스라도 그다음 날이면 경쟁자들에 의해 똑같이 복제된 상품과 서비스로 만들어지는 일이 비일비재하지요. 큰 손해를 보는 것은 물론이고 대자본을 무기로 도전하는 후발 주자들에게 모든 것을 빼앗기는 일들이 빈번하게 발생하고 있습니다. 과연 어떻게 경쟁자로부터 나의 상품과 서비스, 브랜드의 가치를 지켜내고 무한 경쟁 속에서 궁극의 승리를 거둘 수 있을까요?

오로지 그것은 나의 상품과 서비스에 경쟁자들과는 다른 의미와 값어치를 부여하는 이야기가 있고, 사람들에게 그 이야기를 각인시키는 스토리텔링이 있을 때 가능해집니다. 막대한 광고비를 쏟았지만 고객들이 내 상품, 내 서비스, 내 브랜드를 알아주지 않는다고 고객인 소비자를 탓해서는 안 되지요.

　상품과 서비스를 대중에게 각인시킬 참신하고 특별한 이야기를 만들어 전달해 봅시다. 사람들은 그런 이야기를 통해 상품, 서비스, 브랜드가 이 세상 다른 것과 구별되며 특별하다고 여길 것입니다. 그리고 언제든 구매의 기회가 있을 때 그것을 구매 리스트의 가장 위에 올릴 것입니다.

　스토리텔링을 통해 나의 상품과 서비스, 브랜드를 세상에 알리는 것, 그것은 곧 이 시대에서의 성공과 더불어 후대에도 길이 남을 상품과 서비스, 그리고 브랜드로 만들 수 있는 거의 유일한 방법이자 지름길입니다.

박희선

CONTENTS

PART 1 성공적인 스토리텔링의 조건

스토리텔링 전략 첫 번째,
연결 지어 스토리셀링하기

스토리텔링 전략 두 번째, 차별화 요소 찾아내어 새롭게 하기

스토리텔링 전략 세 번째, 고객 끌어들이기

성공적인
스토리텔링의 조건

성공적인 상품과 서비스, 브랜드를 가진 기업이 되기 위해서는 최초 기획하는 단계에서부터 고객에게 들려줄 스토리를 먼저 생각히고 고려하는 습관을 가져야 합니다. 스토리텔링의 관점에서 청자인 고객이 원하는 것이 무엇인지, 어떤 것에 흥미와 감동을 느끼는지를 알아야 하지요. 그래야 그들과 특별한 연대감을 형성하고, 이 유대를 바탕으로 지속적인 공급자와 수요자의 관계를 이어나갈 수 있습니다.

고객에게 들려줄 스토리를 기반으로 설계된 상품·서비스·브랜드만이 고객의 마음을 적극적으로 움직일 수 있습니다. 공급자 중심의 일방적인 설계와 주입식 마케팅으로 일관하는 상품과 다르게, 스토리텔링은 그 호감을 오랫동안 간직하게 합니다.

고객들이 최초 상품이나 서비스를 접한 이후 구매 결정에 이르기까지의 과정을 스토리텔링의 전개 단계로 빗대어 구분하면 아래와 같습니다.

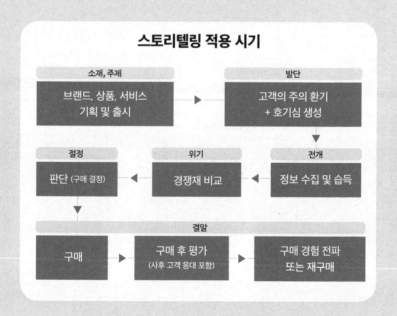

18

01

스토리텔링이란?

×

스토리텔링story telling의 사전적 의미는 글자 그대로 '이야기를 하는 행위'입니다. 좀 더 확장한다면 '상대방이 알아듣기 쉽도록 어떤 사건이나 사물, 경험 등을 이야기로 풀어서 전달한다'는 의미를 가지고 있습니다. 그렇다면 비즈니스에 있어서 기업이나 상품에 대해 있는 그대로 설명하고 전달하는 것 자체 모두를 '스토리텔링'이라 정의할 수 있을까요?

상품을 설명하고 전달하면 모두 스토리텔링일까?

상품에 대한 '정보 전달'과 스토리텔링은 엄연히 다릅니다. 보는 시각에 따라 그리고 카메라의 종류와 앵글에 따라 사물이 달리 묘사될 수 있는 것, 그것이 바로 스토리텔링입니다. 스토리텔링은 다양한 각도에서 사물을 관찰하고 그 내밀한 속까지 엿보기가 가능한 동영상과 비슷합니다. 그 동영상은 실제와 같은 생생함이 고스란히 전달되는 3D 영상일 수도 있고 내면을 들여다볼 수 있는 내시경 영상일 수도 있습니다. 반면 상품 또는 서비스를 설명하는 정보 전달은 사물의 단면만을 한 방향에서 찍어 보여주는 스틸 컷과 같습니다.

특히 스토리텔링이 정보 전달과 다른 점은 기획자의 의도에 따라 전달하고자 하는 메시지를 달리 할 수 있다는 것입니다. 커뮤니케이션을 통한 감성적인 접근으로 고객을 끌어낼 수도 있습니다. 마케팅의 스토리텔링은 상품이나 서비스, 브랜드와 잘 어울리는 이야기로 소비자의 마음을 움직이는 감성마케팅의 일환이자, 최소 비용으로 최대의 효과를 거둘 수 있는 가장 효율적인 방법입니다.

마케팅에서 스토리텔링이 어떤 의미를 가지며 반드시 필요한 것인가에 대해 의문이 들 수도 있습니다. 사실 이 책에 등장하는 스토리텔링이라는 단어를 '마케팅'으로 전체 치환해도 읽기에는 무리가 없습니다. 왜냐하면 기본적으로 마케팅과 비즈니스 스토리텔링의 목적이 같기 때문입니다. 둘 다 고객과 같은 맥락을 공유하기 위해 노력하는 행위이지요. 다만 군이 스토리텔링이라는 단어를 쓰는 이유는 고객과 소통 방식이 이것으로 좌우되기 때문입니다. 고객에게 '이야기'를 들려주려는 태도로 전환하는 차이를 불러오지요. 그것은 곧 커다란 비즈니스 차원에서의 마케팅 전략으로 이어집니다.

그렇다면 정확히 비즈니스의 스토리텔링이란 뭘까요? 이야기의 청자인 '고객'을 명확하게 정의하고 해당 '고객에게 들려주고 싶은 메시지'로 이야기를 만들어보는 것으로 단순화할 수 있습니다. 그리고 그 고객에게 어떤 방식으로 이야기를 들려줄 것인지를 생각해보면 접근이 쉬워집니다. 비즈니스에 쓰이는 스토리텔링에는 ❶ 주제, 즉 기획 의도가 반드시 포함되어야 합니다. 그리고 주제를 함축적으로 전달하기 위해 사용될 소도구인 이야기의 ❷ 소재가 필요하지요. 이 소재는 상품, 서비스, 브랜드 자체가 아닌 이야기의 매개이자 스토리의 재료여야 합니다. 그리고 이 소재를 창의적인 방법으로 주제에 맞게 우리의 것과 연결 지어 설명하거나 각색하는 ❸ 서술 구조와, 누구의 입을 빌려 어떻게 이야기를 전달할지 가장 적절한 방법인 ❹ 채널을 선정하면 됩니다.

회사에서 전략으로 쓰이는 스토리텔링은 이 위의 네 가지만 명확하면 됩니다. 영화나 드라마와는 다른 방법으로 대중에게 전달되어야 하고, 그 스토리를 노출하는 방법은 캐주얼하고 단순해야 하지요. 거대한 스토리는 뒤에 숨겨둘 수 있습니다. 뒤에 설정을 세밀하게 짜둘수록, 그 디테일이 결국 대중을 움직이는 힘이 됩니다.

상품과 서비스 출시 후 성공 여부가 판가름 나는 주기는 점점 더 짧아지고 있습니다. 시장에서 획기적이었던 아이템이 레드오션의 무한 경쟁으로 휘말려 들어가는 시점이 이전에 비해 수십 배는 빨라졌지요. 잘 만들어진 상품과 서비스, 브랜드가 '벤치마킹'이라는 미명 아래 그대로 복제되고 유통됩니다. 그 어느 때보다 복제가 빠르고 손쉬운 세상이 되어버린 것입니다.

하지만 상품·서비스·브랜드의 물리적인 외형, 성질, 기능과 달리 그것들을 구성하며 파생된 콘텐츠, 즉 스토리는 쉽게 베끼거나 따라잡을 수 있는 것이 아닙니다. 복제된 제품은 가격만 저렴하다면 시장에서 쉽게 반응을 얻을 수 있습니다. 하지만 복제된 스토리는 표절이라는 비난과 함께 대중의 외면을 받습니다.

경쟁사에서 출시한 상품보다 성능을 좋게 하거나 가격을 낮추는 것은 누구나 할 수 있습니다. 그렇지만 의도한 것이든 의도하지 않았던 것이든, 원조 상품의 견고하게 짜인 스토리와 그 스토리로부터 생성된 이미지가 있다면 그것은 쉽게 모방하기 힘들죠. 뿐만 아니라 같은 카테고리의 산업 안에서는 인위적인 작업을 통해 그보다 더 나은 스토리를 만들어 내는 것이 불가능에 가깝게 됩니다. 비슷한 상품에 비슷한 이야기를 부여한다면 대중들의 눈에도 그저 그런 급조된 모방으로만 보일 뿐이지요.

히트 상품도 짧은 시간 내에 레드오션의 바다에 빠져버리는 세상입니다. 그 어떤 상품·서비스·브랜드보다 돋보이며 지속 가능한 발전을 도모할 수 있는 기반이 있다면, 그것은 오로지 그 상품과 기업에 스토리가 있는지의 여부에 달렸습니다. 현대 사회는 견고하게 형성된 스토리의 여부에 따라 상품 또는 기업의 가치가 실제의 것보다 높아지기도 하고 낮아지기도 하면서, 동시에 타깃 고객에게 그 스토리를 전달하는 스토리텔링 자체가 곧 비즈니스인 사회라 할 수 있지요.

'반드시 필요하지 않은' 상품을 파는 유일한 방법

영국의 작가 오스카 와일드는 '우리는 현재를 살아가는 데 있어 꼭 필요로 하지 않는 것을 필요로 하는 시대에 살고 있다'라고 했습니다. 과거보다 물질적으로 풍요로워진 현대에는 어떤 상품이나 서비스를 꼭 생존을 위해서만 구매하지 않는다는 말입니다. 사람들은 이제 상품이나 서비스의 필요성보다 트렌드rend에 민감하게 반응합니다. 그 트렌드를 따라잡기 위해 필요하지 않은 것도 구매하고 소비하는 행태를 반복하지요. 현대의 기업들은 이제 시장이라는 전쟁터에서 꼭 필요로 하지 않은 상품을 가치 있게 팔기 위해 격렬한 전투를 벌이고 있습니다.

'반드시 필요하지는 않은 것', '무한 경쟁으로 인해 차별화가 불가능해진 것'을 고객에게 어필하고 지출을 이끌어내기 위해 거의 유일한 수단으로 활용될 수 있는 것이 바로 스토리텔링입니다. 무한 경쟁 사회에서 우리 기업의 상품·서비스·브랜드가 경쟁사를 제치고 고객들로부터 이른바 원픽one pick을 받기 위해서는 남들과 다른, 새롭고 확장성 있는 스토리가 필요합니다. 스토리텔링을 마케팅의 효율적인 수단으로 주목해야 하는 이유가 여기에 있습니다.

스토리텔링은 제품 '출시 후'의 마케팅 수단으로만 활용되지 않습니다. 스토리텔링은 상품·서비스·브랜드의 기획과 수평적, 절대적 공생 관계에 있다고 해도 과언이 아닙니다. 기획 단계부터 스토리텔링을 염두에 두고 상품과 서비스, 브랜드를 만들면서 다듬어갈 필요가 있다는 말입니다. 고객에게 들려줄 스토리텔링을 전제로 시장 조사를 하고 상품과 서비스를 기획한다면, 기획의 방향은 그렇지 않을 때와 완전히 달라질 수 있습니다. 스토리텔링을 한다는 것은 곧 고객 친화적인 사고를 한다는 말과 같기 때문입니다.

고객 중심의 관점으로 스토리의 소재와 구도를 만들어가다 보면 상품·서비스·브랜드의 단점과 부족한 부분이 어느 순간 도드라져서 수정이나 보완을 하지 않고는 도저히 넘어갈 수 없는 상황이 발생하곤 합니다. 단순히 스토리텔링이 상품 출시에 수반되는 부산물에서 그치지 않고, 이로 인해 최초의 기획이 수정되고 상품의 개선을 이끌어내는 것이죠. 그만큼 상품 기획에서 스토리텔링은 핵심적인 기능을 합니다. 따라서 우리는 스토리텔링을 단순히 상품 출시 후 선택 가능한 후순위의 마케팅 기법 중 하나라 생각할 것이 아니라, 기획 단계에서부터 스토리텔링을 생각하고 만들고 다듬어야 합니다.

비즈니스를 비롯한 인류의 모든 역사와 산물은 잘 짜인 스토리에 의해 오랫동안 기억될 수 있었습니다. 스토리텔링의 관점과 사고방식으로 상품·서비스·브랜드를 개발하고 출시해야 합니다. '스토리'라는 콘텐츠는 기업의 탄생부터 소멸까지 함께함은 물론이고 기업이 소멸한 후에도 그 흔적과 교훈을 남겨 후세에 전달하는 역사서 또는 성경과도 같은 역할을 하기 때문입니다.

02

성공적인 스토리텔링이 가져야 할 속성
N·A·T·U·R·A·L

×

　세상에는 누가 어떤 의도를 갖고 만들어낸 이야기인지 인식하지 못 할 정도로 수많은 이야기가 매일 만들어지고 있고, 다양한 매체와 네트워크를 통해 퍼져 나가고 있습니다.

　어떤 이야기들은 특정 상품과 서비스, 브랜드를 홍보하기 위한 목적으로 특정 기업에 의해 작위적으로 만들어집니다. 하지만 대중들은 때로 그것이 오래전부터 존재해 왔다고 믿고 있거나 진실에 기초해 대중 속에서 자연스럽게 형성되고 구전된 이야기라 착각하곤 하지요. 그런 이야기는 자연스럽게 사람들의 속으로 녹아든 스토리텔링의 결과입니다.

지어낸 이야기도 때로는 대중에게 진실이다

이렇게 사람들이 지어낸 이야기를 진실인 것으로 쉽게 받아들이고 하나의 신념처럼 신봉하기까지 하는 이야기는 어떻게 성공했을까요? 고객의 감성적인 영역에 호소하는 '스토리텔링의 성공'은 다양한 요건들이 복합적인 상호 작용을 일으켜 만들어냅니다. 시대의 조류(트렌드)와 사회적 배경, 동시대에 발생한 우연한 사건과 사고, 인물들이 서로 얽혀 빚어낸 산물인지라 가히 인간이 창조할 수 없는 영역의 것이라고 말하는 사람도 있지요.

그렇지만 비즈니스 관점으로 접근해 봤을 때는 성공적인 스토리텔링들이 가지고 있고, 또 가지고 있어야 할 핵심적인 요소를 몇 가지 유형으로 추리는 게 가능합니다.

그 첫 번째는 출시를 앞둔 상품이든 과거로부터 존재해 오던 상품이든, 사람들이 전에 들어보지 못했던 새로운 발상과 접근법으로 전개되는 이야기여야 한다는 참신성New Idea의 원칙입니다. 또 사람들이 이야기를 쉽게 믿고 받아들일 수 있도록 그럴듯한 사실에 기초해 논리적 구조가 흐트러지지 않아야 한다는 현실성Actuality도 갖춰야 할 요소이지요.

너무 허황되거나 나와 동떨어진 이야기가 아닌 내 주변, 내 일상과 엮여 있어 사소한 정보라 치부될 수 있지만 친근한 소재로 디테일을 살리는 구체성Trivia, 기존에 알고 있던 상식을 뛰어넘어 놀라움과 함께 재미를 안겨주는 반전 구조의 의외성Unusualness, 이야기를 들으면 그와 연결된 상품·서비스·브랜드가 자연스럽게 떠오를 수 있는 인과성Relationship도 성공적인 스토리텔링의 속성입니다.

전혀 다른 접근을 통해 업계의 전통적인 표현 방식을 바꾸며 상품과 서비스를 차별화하고, 심지어 전혀 다른 카테고리의 상품까지 대체해 버리는 대안성Alternativeness도 있습니다. 마지막으로 스토리텔링으로 풀어내는 이야기는 곧 사람들에게 전달하는 메시지이므로 사람들의 감성에 호소할 수 있는 진정성과 사람 자신의 인생 이야기, 즉 일상성Life이 담겨야 합니다.

지금 소개한 N·A·T·U·R·A·L(New Idea, Actuality, Trivia, Unusualness, Relationship, Alternativeness, Life)의 일곱 가지 요소를 하나의 스토리 안에 모두 갖출 필요는 없습니다. 모두를 갖췄다고 해서 수학 공식과 같이 반드시 성공적인 스토리텔링이 될 것이라 단정 지을 수도 없습니다. 스토리텔링은 복잡 미묘하고 변화무쌍한 사람의 감성을 다루는 세심한 작업이기 때문이지요. 하지만 상품에 스토리를 부여하고 그것이 설득력 있는 과정들과 엮여 고객에게 감동적인 메시지로 전달되길 바란다면, 적어도 한 가지 이상의 요소는 반드시 갖추고 있어야 합니다.

또 스토리텔링에 반드시 기승전결의 서사 구조를 가진 완벽한 전체 이야기가 필요하지는 않습니다. 형식도 특별한 제약이 없습니다. 때론 상품·서비스·브랜드의 역사를 서술하는 역사서나 기사의 형태를 띠기도 하고, 짧은 캐치프레이즈 한 구절이 그것을 대신할 수도 있습니다. 더 간략하게는 사진이나 그림 한 장만으로 훌륭한 스토리텔링이 되기도 합니다. 상품과 기업의 스토리를 통한 비즈니스 전략, 즉 스토리텔링은 화자인 기업이 청자인 고객들에게 감성적인 메시지를 전달하는 것을 목적으로 할 뿐입니다.

그렇다면 우리의 상품·서비스·브랜드에는 어떤 요소에 중점을 두고 스토리를 만들어야 할까요? 힘을 실어야 할 요소를 찾아내고 가진 재료들과 버무려 참신하고 특별한 이야기로 만들어내는 것이 곧 스토리텔링의 출발점입니다. 이 포인트를 잘 잡으면 비즈니스 성공의 열쇠를 쥐고 있다고 할 수 있죠.

New idea
새로운 생각, 참신성

성공적인 스토리텔링의 가장 핵심적인 요소를 꼽자면 단연 '참신성'을 들 수 있습니다. 여기서 말하는 참신성의 범주는 전에 없던 새로운 이야기에 더해, 기존에 잘 알려진 이야기라도 그것을 재해석한 것과 기존과는 다른 관점에서의 접근을 시도한 것까지를 포함합니다.

참신한 이야기라고 해서 반드시 이야기의 소재인 상품이나 서비스가 기존과 전혀 다른 것이어야 할 필요도 없습니다. 동일하거나 유사한 상품, 서비스라도 새로운 시각과 참신한 발상으로 이야기를 종전과 다르게 풀어간다면 오히려 전에 없던 새롭고 창조적인 상품을 내면서 진부한 이야기를 늘어놓는 것보다 훨씬 더 새롭고 강력한 힘을 가진 스토리가 될 수 있습니다.

새로운 발상의 이야기는 그것을 표현하는 기법과 공표하는 매체, 즉 채널에 따라 효과의 정도가 배가되거나 또는 반감되기도 합니다. 하지만 스토리텔링에 있어 가장 중요한 요소이며 성공적인 스토리텔링 비즈니스의 시작점입니다.

출시한 상품이 진부한, 그저 그런 것 중 하나로 치부되지 않기 위해서는 새로운 시각과 접근으로 고객에게 말을 걸 수 있어야 한다.

사람들은 참신한 스토리 기획을 가장 어려워합니다. 상품·서비스·브랜드가 가지고 있는 본질적인 가치에 대한 관찰, 그리고 그로 인해 영향을 받을 고객들에 대한 호기심과 질문으로부터 시작해 볼 수 있습니다. 있는 그대로의 본원적 가치, 그로 인해 파생되는 현상들을 그대로 흘려버리는 것이 아니라 왜 그런 가치를 갖게 되었는지, 또 왜 그런 현상이 나타나게 되었는지 깊이 있게 관찰하고 추측하며 추리를 해보는 것입니다.

그 추론의 결과가 사실과 다르고 이야기의 전개가 황당한 방향으로 접어들어 실패할 수도 있습니다. 하지만 창작의 고통을 지나 뻗어 나갔던 시행착오는 향후 최적의 스토리라인을 만들어나가는 데 밑거름이자 값진 경험이 될 것입니다.

Actuality
사실에 기초한 현실감, 개연성

미국의 루나엠버시Lunar Embassy라는 회사는 1980년부터 달의 토지를 팔고 있습니다. 달뿐 아니라 화성, 금성, 수성 등의 행성 토지 소유권까지 판매합니다. 이 회사는 한국에도 지사를 가지고 있을 만큼 사업을 확장하고 있습니다. 1에이커(1,224평)의 토지를 한화로 약 3만 5,000원에 팔면서 구매자에게 토지문서까지 발행해 줍니다.

루나엠버시는 1967년 체결된 우주조약에 '어떠한 국가도 우주 행성의 소유권을 가지지 못한다'라고 명기된 조항을 자의적으로 해석해 '국가를 넘어선 개인은 소유권을 가질 수 있다'는 논리를 펼쳤습니다. 또 토지의 소유권이 본인들에게 있고 UN의 승인까지 받았다고 주장하고 있습니다(후에 UN에서는 해당 안건 질의에 응답을 하지 않은 것으로 알려졌습니다).

그런데 이런 황당한 아이디어에도 불구하고 달 토지 판매 사업은 승승장구해서 전 세계 600만 명이 넘는 사람이 이들에게 토지를 구매했습니다. 루나엠버시는 행성 토지 사업이 합법적인 소유권 판매라고 주장함과 동시에 그들의 참신한 아이디어로 고객들에게 소소한 즐거움을 주는 것 또한 사업의 목표 중 하나라고 매우 진지하게 이야기합니다.

이들의 사업 아이템이 '재미있고 참신한 아이디어'임은 분명합니다. 그리고 실제로 많은 고객을 유치하면서 큰돈을 벌게 된 것 역시 사실입니다. 하지만 우리는 과연 이 사업이 앞으로도 지속해서 발전할 수 있는 사업 모델인지 짚어보지 않을 수 없습니다. 달의 토지를 소유한다는 것은 매우 낭만적인 일이지요. 가족이나 친구에게 달의 토지를 부담 없는 가격에 구매해 선물한다는 것은 참신하고 재미있는 이벤트가 될 수 있습니다.

그러나 루나엠버시의 사업이 일시적인 재미를 떠나 보편적인 성공 모델이 되는 것에는 명확한 한계가 있습니다. 달이 자신들의 소유이며 팔 수 있는 권리가 본인들에게 있다는 것은 루나엠버시의 일방적인 주장일 뿐입니다. 어느 국가, 어느 기관도 그 권리를 담보하지 않으며 소유권을 입증할 방법 또한 존재하지 않기 때문이지요. 자칫 사기 행각으로 끝날 가능성이 있습니다. 루나엠버시가 30년 넘게 사업을 펼쳤지만 아직까지 우리 주변에서 그 존재와 사업 모델을 인지하지 못하고 있는 것이 그 반증입니다.

상품의 가치를 높이기 위해 만들어진 이야기라도 지나친 비약이나 과장이 있어서는 곤란하다. 허구의 이야기로 꾸며지는 상품과 서비스, 브랜드도 곧 실체가 드러날 현실의 것이기 때문이다.

스토리텔링의 근간이 이야기를 지어내는 것이고 또 참신한 요소를 투입해야 하는 것은 맞습니다. 하지만 허무맹랑한 이야기를 지어내서는 안 됩니다. 허구의 이야기와 다소 과장된 표현이 포함되어 있더라도 그 이야기가 전달하고자 하는 의미에는 진정성이 있어야 합니다. 자극적인 이야기로 잠깐 사람의 감성을 뒤흔들 수는 있지만, 그것이 거짓과 눈속임이었다는 것이 드러난다면 곧 감성은 쉽게 걷히는 환상으로 전락하고 맙니다.

스토리텔링은 '감성마케팅'입니다. 그러나 감성은 진실을 뛰어넘을 수 없습니다. 상품과 서비스, 그리고 브랜드의 실체를 현실과 다르게 지어내서는 곤란합니다. 사람들이 열광하는 스토리는 진정성과 일관성을 수반하지요. 그래야 지속적이며 탄탄한 비즈니스로 성장할 수 있습니다.

Trivia
사소한 디테일에서 오는 공감, 구체성

성공적인 스토리텔링을 위해 굳이 거창하고 대단한 이야기를 만들어낼 필요는 없습니다. 이야기의 출발점이 주변의 사소한 것에서 시작될 수 있고 상식의 범주를 벗어나지 않아야 한다는 점에서 이 속성은 앞서 기술한 현실성과 연관된 것이기도 하지요. 대중들에게 설득력 있는 스토리가 되기 위해 반드시 크고 놀라운 소재를 다루거나 완전히 새로운 이야기여야 할 필요는 없다는 말입니다.

이야기의 소재와 주제가 설사 초현실적이더라도 그 접근 방법과 서술 구조의 디테일이 대중의 일상과 같은 작은 것에서부터 시작하는 것이라면 효과적일 수 있습니다. 스파이더맨이나 배트맨,

앤트맨, 헐크 같은 슈퍼히어로superhero를 다루는 대작들을 봅시다. 그들은 가공할 만한 위력을 가진 영화 속 주인공으로 묘사됩니다. 하지만 그들이 슈퍼히어로가 되기 전의 모습은 한없이 평범하고 애틋함을 자아내는 약자의 형상으로 그려지곤 하지요.

그런 고난의 과정이 있었기에 강력한 힘을 얻어 정의를 구현하는 순간, 그들에게 감정이입 한 관객의 감동은 배가 됩니다. 아이들이 아닌 성인남녀들까지 슈퍼히어로의 이야기에 열광하게 되는 이유이기도 합니다. 스토리텔링 이야기의 소재는 슈퍼히어로의 등장과 같이 초현실적이고 황당한 것일 수도 있습니다. 그러나 디테일한 이야기의 전개나 접근은 늘 우리 일상과 일상에서 경험할 수 있는 감정들로 포장하고 다져야 합니다.

악마는 디테일에 있다. 스토리텔링이 설득의 힘을 얻는 건 크고 담대한 이야기라서가 아니라 고객들이 아주 소소하고 평범한 것에서 공감과 감동을 느끼기 때문이다.

평범한 일상에서 공감할 수 있는 사건, 감정들을 이야기 속에 녹여내면 이야기의 개연성이 강화됩니다. 아주 작은 디테일 묘사까지 세심하게 살펴야 하지요. 나무 한 그루, 한 그루가 모여 거대한 숲을 이루듯 스토리텔링의 전체 그림을 완성하기 위해서는 작은 것을 세심하게 그려낼 줄 알아야 합니다. 그리고 그것을 준비하는 과정과 절차가 곧 스토리텔링 마케팅의 시작이자 기초가 됩니다.

Unusualness
반전과 개성이 있는 이야기 전개, 의외성

앞서 좋은 스토리텔링의 스토리는 새로운 발상이면서도 일반적이고 친근한 전개 방식이어야 함을 설명했습니다. 하지만 아무리 새로운 이야기일지라도 사람들의 뇌리에 남기기 위해서는 이야기에 극적인 부분, 예상하지 못했던 반전의 흐름이 포함되어 있는 것이 좋습니다.

사람들이 욕을 하면서 본다는 막장 드라마를 들여다봅시다. 막장 드라마가 인기를 얻는 이유는 자극적인 소재 때문이기도 하지만 끊임없이 반전에 반전을 거듭하는 이야기 구조 때문입니다. 주인공과 악인의 대결 구도 속에서 악인이 일방적으로 몰리는 것이 아니라 서너 번의 뒤집기를 통해 사람들의 생각과는 정반대의 구도로도 진행이 되기에 시청자들은 긴장을 늦추지 못하고 끝까지 드라마를 완주하게 되는 것이지요.

사람들의 의식 속에 강렬한 기억으로 각인되기 위해서는 예상되는 의식의 흐름에 역행하는 반전의 충격 스토리텔링 요법이 가미될 필요가 있다.

상품이나 서비스, 그리고 브랜드에 대한 스토리텔링은 드라마처럼 서사 구조를 가진 것이 아니기에 반전과 의외성을 부여하기 쉽지 않아 보입니다. 하지만 비즈니스에서 의외성은 문학적인 서사 구조를 통해서가 아니라, 상품의 특징과 고객들이 받아들이는 인식을 관찰해서 만들어낼 수 있습니다. 일반적으로 그럴 것이라 추측되는 상품의 특성과 이야기를 뒤집어 신선한 충격과 강렬한 인상을 연출하는 것이지요.

책의 뒤에서 구체적인 사례를 통해 설명하겠지만, 의외성의 원리를 활용한 스토리텔링 기법을 사용하면 상품의 본질은 유지하면서도 고객의 호기심을 자극할 수 있습니다. 예를 들면 과거에는 수질이 좋기로 알려진 한국에서 물을 사 먹는다는 것은 지나친 사치이자 불필요한 행위라는 인식이 있었습니다. 이런 인식을 바꾸었던 것도 일종의 '반전을 통한 뒤집기'에 해당합니다.

1988년 서울올림픽이 열리던 때만 해도 생수는 외국인에 한해 일시적 판매를 허용하는 수준의 시장이었습니다. 하지만 2000년대에 접어들면서 생수는 미네랄이 풍부하고 오염되지 않은 건강한 일상 음료라는 인식 전환이 이루어졌지요. 현재는 약 70여 개 업체, 300여 개 브랜드에서 경쟁을 펼치며 연평균 12%라는 성장세를 보이는 산업으로 발전했습니다.

상품의 본질을 관찰하고 의외성을 극대화하는 포인트를 짚어 소구점을 발굴하는 것, 그것으로 소비자인 고객의 생각과 태도를 180도 바꾸는 것이 스토리텔링 마케팅의 묘미라 할 수 있습니다.

Relationship
깊게 관련된 연결 고리, 인과성

스토리텔링의 내용과 그것이 전달하고자 하는 메시지는 팔려고 하는 상품, 서비스와 깊은 연관성이 있어야 합니다. 또 지나친 비약이 아닌 납득할 만한 수준의 연결된 이야기 구조를 가져야 합니다. 우리는 뜬금없는 메시지를 던지며 결말을 맺는 영화나 드라마를 졸 작이라고 부르지요. 그런 영화는 결코 흥행에 성공할 수 없습니다. 모든 이야기의 전개는 시작부터 끝까지 흐름이 일관되면서, 전달하고자 하는 메시지의 주제 의식을 잃어버려서는 안 됩니다.

단순히 멋있어 보이는 문구, 화제의 인물, 대중이 관심을 두는 핫 이슈hot issue를 메시지의 소재, 즉 스토리텔링의 대상물과 억지로 끼워 맞추려다 실패할 때가 있습니다. 이를테면 고객들이 열광하는 유명 인사(보통은 연예인이나 스포츠스타, 인플루언서)를 기업의 브랜드, 상품, 서비스의 스토리텔러로 기용하여 이미지를 빌려오는 경우이지요. 브랜드의 색깔이나 추구하는 가치 등을 생각하지 않고 유명인사의 지명도가 높다고 무조건적인 수용을 하면 곤란합니다. 다른 상품과 차별화도 놓치고, 유명인사의 인기에 따라서 상품 관심도가 좌지우지되다 화제성이 시들 수도 있습니다. 유명인사의 얼굴과 말은 떠오르지만 정작 주인공이 되어야 할 상품과 서비스, 그리고 그것이 주는 메시지가 기억이 안 난다면 그 시도는 실패입니다.

광고 모델을 쓰더라도 우리 상품과 서비스, 브랜드에 어울리는 감성을 발굴하고 적합한 인물, 적합한 소재로 풀어가야만 합니다. 브랜드의 도전 정신을 이야기하려면 역경을 이겨낸 스포츠스타의 이미지로, 신뢰가 생명인 상품이라면 공신력 있는 기관이나 인물을 통해서, 어렵게 개발해낸 신소재의 첨단 제품에 대한 이야기라면 잘 알려진 천재 과학자나 유니콘 기업의 창업주를 등장시켜 오버랩 하는 식의 연계가 있습니다.

스토리텔링이 물 흐르듯 자연스럽게 상품과 서비스, 브랜드의 선택으로 이어지기 위해서는 메시지의 내용이 명확함을 물론이고 스토리와 상품 간의 깊은 연관성이 전달되어야 한다.

아무리 잘 꾸며낸 감동적인 이야기라도 이야기의 내용과 우리 상품·서비스·브랜드의 메시지가 유기적으로 연결되어 있지 않으면 의미가 없습니다. 고객들은 결코 기획자처럼 그것들을 서로 연관 지어 연상하지 못합니다. 따라서 먼저 멋진 인물이나 재미있는 이야기를 떠올린 후 상품·서비스·브랜드에 접목하는 것은 위험한 접근입니다. 먼저 스토리텔링의 주인공인 상품·서비스·브랜드를 깊이 있게 관찰한 후에 그 기원이나 구성 요소, 에피소드, 본질적인 성질과 관련된 이야기나 이미지, 적합한 인물을 찾아내는 것이 훨씬 더 효율적이고 연관성을 강화하는 방법입니다.

Alternativeness
기존과 전혀 다른 접근, 대안성

식음료 제품의 광고들을 보고 있자면 보통 '(몸에 좋은) 무엇을 넣었다'를 강조하는 경우와 '(몸에 나쁜) 무엇을 넣지 않았다'를 강조하는 경우로 나뉨을 알 수 있습니다. 동일 제품이라도 콘셉트를 '넣었다'(Positive)로 잡을지 '넣지 않았다'(Negative)로 콘셉트를 정할지에 따라 스토리텔링의 관점과 태도는 명확하게 달라집니다. 물론 그 당시의 트렌드나 시대에 따라 상황이 변하기도 하지만, 경쟁사와 비슷한 제품에 대해 유사한 이야기를 유사한 패턴으로 스토리텔링 해야만 할 때는 완전히 역발상 해보는 것도 좋은 시도입니다.

동종 사업군의 경쟁사 상품과 차별화된 스토리텔링을 위해서는 기존과는 완전히 다른 관점, 시각으로의 접근이 요구된다. 문제와 이슈, 해결 불가능했던 약점들을 늘어놓고 대안을 생각해 보는 것도 좋은 방법이 될 수 있다.

조미료를 예로 들어봅시다. 지금도 일부 그렇지만 사회적으로 글루탐산나트륨MSG에 대해 부정적인 시각이 지배적일 때가 있었습니다. 이때 많은 조미료 브랜드에서 'MSG를 넣지 않았다'라는 말을 반복적으로 강조했고 그래야만 고객에게 어필이 된다 생각했습니다. 많은 광고에서 'MSG 무첨가(MSG FREE)'를 외쳤습니다. 그리고 그것은 곧 더 이상 차별화 포인트가 되지 못했습니다. 게다가 제품의 장점으로도 느껴지지 않게 됐지요.

　이때 '넣지 않았어요'(Negative)와 반대되는 시각으로 '우리는 유기농 천연 재료만을 넣었어요'와 같이 '넣었어요'(Positive) 콘셉트로 스토리텔링을 전환하는 제품이 나오기 시작했습니다. 그런 제품들은 'MSG 무첨가'의 홍수 속에서 경쟁사 대비 차별화된 스토리텔링을 펼칠 수 있었지요. 단순히 '넣지 않았어요'를 강조할 때보다 '몸에 좋다'는 신선하고 확장적인 메시지를 고객에게 전달할 수 있었습니다.

　'넣었다'와 '넣지 않았다'는 하나의 예시일 뿐입니다. 컵의 절반에 물이 차 있을 때, '물이 반 컵 밖에 남지 않았네'라고 하는 것과 '물이 반 컵이나 남았네'라고 말할 때의 뉘앙스, 받아들이는 사람의 태도는 극명히 다르다는 점을 우리는 알고 있습니다. 특히 일반적인 방식이 아닌, 전혀 예측하지 못한 독특한 시각으로 콘셉트를 정하고 이야기를 풀어갈 때 우리는 그것을 대안성을 지닌 스토리텔링이라고 말합니다. 고객들은 대안성을 지닌 브랜드, 상품, 서비스에서 좀 더 특별함을 느끼고 또 오랫동안 기억하게 됩니다.

Life
너와 나의 인생 이야기, 일상성

거듭 말하지만 스토리텔링은 감성마케팅입니다. 감성마케팅은 '사람' 이야기를 담고 있어야 합니다. 스토리텔링에서 사람 냄새가 나기 위해서는, 두 가지 방법을 시도할 수 있습니다. 첫째는 마케팅의 대상물 자체가 마치 사람과 같은 감성적인 존재로 비춰지도록 만드는 방법이 있고, 둘째는 이야기의 전개를 사람들의 일상 감정으로 구성하는, 즉 삶과 밀접한 감정과 사건으로 채워놓는 방법이 있습니다.

초코파이나 박카스처럼 오랫동안 기억에 남는 장수 상품들은 정情, 우정, 격려, 효도, 사랑, 열정 등의 정서를 덧씌워서 우리의 삶과 밀접히 녹아있는 장면들로 표현합니다. 마케팅의 대상물인 상품과 서비스, 브랜드는 살아있는 생물이 아닙니다. 그렇지만 스토리텔링에서는 그것들을 하나의 생명을 가진 인격체로 상정하고 성격과 가치관을 부여해 이야기를 풀어야 합니다.

성공적인 스토리텔링 속에는 너와 나, 우리 모두의 모습이 담겨 있다.

사람들은 자신의 일상에서 상품과 서비스를 구매하거나 브랜드를 소비하면서 그것이 만족스럽다면 일종의 행복감을 느끼게 됩니다. 그런데 그 감정은 물리적 소재와 기능으로만 얻어지는 것이 아닙니다. 고객들은 상품과 서비스, 브랜드가 가진 감성적인 에너지를 소비하며 그것을 내재화하는 과정에서 만족감을 느끼게 되는 것이지요.

보통의 고객들로 하여금 상품·서비스·브랜드의 이미지에 보다 쉽고 빠르게 젖어들도록 하려면, 그 이야기 속에 희로애락을 포함하는 것이 효과적입니다. 그래야만 고객의 주변에 존재하는 일상적인 감성과 브랜드 이미지의 밀착도가 더욱 깊어지고 오랫동안 공생의 관계를 이어갈 수 있기 때문입니다.

N·A·T·U·R·A·L의 7가지 요소 모두가 하나의 스토리텔링에 들어있을 수도 있지만, 하나 또는 두 개의 요소만으로도 성공적인 스토리텔링을 이루기에 충분한 경우가 많이 있습니다. 마케팅하려는 상품과 서비스, 브랜드의 특성과 가장 잘 맞는 요소에 집중해서 스토리를 기획하고 소통하면 최대의 효과를 끌어낼 수 있습니다.

03

스토리텔링의 힘

×

기업의 활동과 상품, 서비스를 알리는 일에 있어서 과연 스토리텔링이 가져오는 효과가 무엇이며 그 효과는 또 얼마나 클지에 대해 의문을 갖는 사람들이 있습니다. 별다른 스토리텔링 없이도 필요한 상품과 서비스라면 잘 팔릴 것이고 상품과 서비스를 잘 만들고 개선하는 것에만 집중하면 사업은 알아서 번창할 것이라는 논리이지요. 스토리텔링 없이도 획기적으로 잘 팔릴 만한 상품이나 서비스를 지금 막 출시했고, 고객들로부터 뜨거운 사랑을 받고 있다면 일견 맞는 말일 수도 있습니다.

그러나 문제는 지속 가능성과 확장성에 있습니다. 무한 경쟁의 상황으로 돌입했을 때 스토리텔링의 필요성과 진가가 발휘될 수 있습니다. 고객들로부터 인기를 구가하는 상품과 서비스는 곧 경쟁자들의 표적이 됩니다. 곧 경쟁자들에게서 더 나은 상품, 더 나은 서비스가 출시될 것이란 예상이 가능합니다. 우리의 상품과 서비스의 품질과 성능이 새로 나온 경쟁사의 것들에 비해 조금은 부족하고 트렌드에 다소 뒤처진 것으로 보이는 경우도 있습니다. 이때 고객들이 상품과 서비스를 고수하며 경쟁자의 것으로 옮겨가지 않을 이유는 오직 스토리텔링으로 장악한 고객의 호감에서 생깁니다.

스토리텔링으로 성공한 상품과 서비스는 그것이 오래되면 오래될수록 익숙함과 전통, 오리지널이라는 정체성으로 인해 새로운 기능과 업그레이드된 디자인의 경쟁사 제품을 가뿐히 물리칠 수 있는 저력을 가지게 됩니다. 가격이 두세 배 높아도 고객들은 기꺼이 그 비용을 지급하고 감성 충만한 상품과 서비스, 그리고 브랜드를 선택하게 되는 것이지요.

그렇다면 스토리텔링이 불어넣는 가치와 힘은 어떤 것이 있을까요? 어떤 형식과 내용의 스토리든 상품·서비스·브랜드에 스토리텔링이 불어넣을 수 있는 힘은 앞으로 소개할 다섯 가지로 나누어 이야기해 볼 수 있습니다.

사람을 죽이고 살리는 스토리텔링

우리는 등산을 할 때면 힘들어하는 가족이나 동료들의 힘을 북돋기 위해 '거의 정상에 다 왔다'는 말을 습관처럼 하곤 합니다. 겨우 70~80% 정도밖에 오르지 않았을 때도 말이지요. 은연중이지만 우리는 왜 그런 거짓말을 할까요? 그 말들이 산에 오르는 사람들에게 조금만 더 힘을 내면 목표에 도달해 쉴 수 있다는 희망을 심어주기 때문입니다. 그런데 신기하게도 그런 말 한마디의 희망은 당장이라도 주저앉고 싶은 사람들이 다시 힘을 내 자기도 모르게 묵묵히 산을 오르게 만드는 마법을 만들어냅니다.

이외에도 우리는 물리적으로 불가능해 보이는 일들이 말 한마디로 이루어지는 상황을 종종 목격하곤 하지요. 그것이 가능한 이유는 말을 통해 전달되는 메시지로 듣는 사람의 생각과 태도, 나아가 물리적인 신체의 상태까지 바꿀 수 있기 때문입니다. 육체가 한계에 부딪혔을 때 정신이 무력화된다고도 하지만 반대로 정신이 곧 육체적 한계를 넘어서게 만드는 경우를 우리는 많이 봤습니다.

마찬가지로 스토리텔링을 활용하면 몇 가지의 감수성을 자극하는 키워드와 정서적 공감대를 불러일으키는 메시지를 통해 상품·서비스·브랜드에 대한 고객의 인식을 하루아침에 바꿀 수도 있습니다. 별 관심이 없던 고객들에게는 호감까지 불러일으킬 수 있지요. 그리고 그것은 곧 '구매'와 '이용'이라는 물리적 행동으로 이어지기 마련입니다.

40km 행군 실험

어느 조사 기관에서 군인들을 대상으로 실험을 했습니다. 장거리 행군을 해본 경험이 있는 군인들을 4개 그룹으로 나눈 뒤, 똑같이 40km 완전군장 행군을 하게 했지요.

조건은 모두 같았지만, 첫 번째 그룹에게는 그들의 행군 거리가 30km라고 알려줬으며 두 번째 그룹에게는 실제와 일치하는 40km, 세 번째 그룹에게는 그들의 행군 거리가 실제보다 많은 60km라고 알려줬습니다. 그리고 마지막 네 번째 그룹에게는 그들의 행군 거리를 알려주지 않았습니다. 어느 그룹이 40km 행군에서 가장 빨리 그리고 불평 없이 임무를 마칠 수 있었을까요?

결과를 보면 모두가 무사하게 행군을 마친 가장 빠른 그룹은 30km라고 알려준 그룹이었습니다. 다음은 아무것도 알려주지 않은 그룹이었고 세 번째는 정확하게 40km라고 알려준 그룹, 그리고 가장 마지막은 60km라고 알려준 그룹이었습니다. 그런데 놀라운 것은 60km라고 알려준 그룹에서는 그들이 쉽게 다니던 10km 지점에서부터 3분의 1이 넘는 인원의 낙오자가 발생했고 20km를 지날 무렵에는 불평과 함께 더 이상 가지 못하겠다는 항명까지 발생했다는 것입니다. 이것이 실험이었으며 그들이 실제 가야 할 거리가 60km가 아닌 40km라고 설득을 한 후에야 간신히 임무를 완수할 수 있었다고 합니다.

이 실험을 통해 우리는 사람들이 실제 벌어지고 있는 일보다 자신들이 인지하고 있는 정보를 바탕으로 상황을 판단하며, 그에 따라서 느끼는 육체적인 피로와 정서적 스트레스의 강도까지 달라진다는 사실을 알게 됐습니다. 즉 본질적인 상황과는 별개로, 사람들은 스토리텔링에 의해 기획되고 전달받은 제한적 정보에 의존해 판단하고 행동할 수 있다는 가능성을 엿본 것이지요.

우리는 국가대항전의 스포츠 경기에서 늘 신체적인 능력보다 정신력이 중요함을 강조하곤 합니다. 사람은 유입되는 정보와 상황 판단에 따라 자신의 한계보다 더 힘을 낼 수도 있고, 자신이 가진 힘을 반의반도 쓰지 못할 수 있습니다. 스토리가 전달하는 메시지라는 정보는 삶과 비즈니스에서 활용되는 피상적인 관념의 도구일 뿐 아니라, 현실의 육체적인 한계마저 극복하고 불가능을 가능으로 바꾸는 절대적인 힘의 원천이 될 수 있습니다.

가치를 불어넣는 스토리텔링

스토리텔링은 평범하고 천편일률적이었던 상품과 서비스, 브랜드에 다양한 옷을 입혀 무한하게 가치를 증식시킬 수 있습니다. 평범했던 물건도 유명인이 애용하면 사람들의 시선이 달라진다는 사실을 우리는 잘 알고 있지요. 또 골동품이나 미술작품처럼 전문가들이 역사적인 의미를 부여해 해석하고 희귀성 있는 물건이라 극찬하면 그 용도에 상관없이 가치가 천정부지로 올라가는 사례도 보아 왔습니다. 늘 먹던 음식, 늘 가던 장소도 그 특별함에 대한 유래와 사연을 듣게 되거나 TV에 나온 맛집이란 홍보 문구 하나만 있어도 왠지 달리 보게 됩니다.

서해에서 잡히는 생선, 조기를 볼까요? 분명 같은 바다의 물고기지만 중국 국적의 어선이 잡으면 중국산 조기가 되고 국내의 어선이 잡으면 국산 조기가 됩니다. 누가 언제 어떻게 잡았는지에 따라 시장에서 통용되는 가치가 몇 배씩 차이 납니다. 형식이 중요한 것이 아니라 본질이 중요하다 할 수 있지만, 본질이 같을 때는 형식과 이야기에 따라 가치가 달라집니다.

이승엽의 홈런볼

2022년, 한 경매에서는 과거 홈런왕으로 군림했던 이승엽의 600호 홈런볼이 1억 5,000만 원에 낙찰되어 화제가 된 적이 있습니다. 이 홈런볼은 이승엽이 삼성 라이온즈의 선수였던 2016년 9월 14일, 한화 이글스를 상대로 우측 담장을 넘긴 공입니다. 한일 통산 600호(국내서만 441호)를 기록한 홈런볼의 역사적인 가치를 인정받아 1억 원이 넘는 낙찰가를 기록했습니다. 미국 메이저리그에서는 당시 한 시즌 최고 기록이었던 1998년 마크 맥과이어의 시즌 70호 홈런볼이 경매에서 300만 5,000달러(한화 약 35억 원)에 낙찰된 기록도 있습니다.

야구에서뿐 아니라 축구에서도 이와 같은 기록이 있습니다. 1986년 마라도나의 '신의 손'(핸드볼 반칙이지만 골로 인정된) 논란 당시 사용된 축구공이 200만 파운드(한화 약 31억 원)에 낙찰되는가 하면 마라도나가 입은 유니폼은 무려 714만 파운드(한화 약 115억 원)에 팔려나가기도 했습니다.

국내 프로야구에서 쓰이는 야구공은 불과 몇천 원이면 살 수 있는 경식 야구공입니다. 그런데 그런 야구공이 1억 원이 넘는 가격에 팔리게 된 이유는 무엇일까요? 이승엽 선수가 홈런을 치기 전과 친 이후, 야구공의 물리적 성질에는 아무런 변화가 없었는데 말입니다. 평범했던 야구공에 스토리가 입혀지니 그 즉시 눈에 보이지 않는 가치가 생성됐습니다. 이승엽 선수가 600호 홈런을 쳤다는 의미가 부여되었을 뿐이지만 그 공은 일순간에 1만 배가 넘는 가치를 가지게 됐습니다.

학생들을 대상으로 하는 강의 기회가 생길 때면, 몇천 원짜리 경식 야구공을 사서 투명 케이스에 넣어갑니다. 그리고는 전설적인 이승엽 선수의 무용담과 홈런볼에 대한 이야기를 들려주고, 이 야구공 역시 그런 홈런볼 중 하나라며 돌려보게 합니다. 듣던 학생들은 마음속에서 우러나는 감탄의 소리를 지르며 모두가 경건한 마음으로 야구공을 관찰하고, 두 손 모아 조심스럽게 다룹니다. 그러나 곧 그것이 학교 앞 문구점에서 누구나 살 수 있는 흔한 경식 야구공임을 밝히는 순간 실망과 함께 허탈함을 감추지 못하곤 하지요.

사물의 본질에 아무런 차이가 없어도 스토리가 붙느냐에 따라 가치와 그것을 대하는 사람들의 태도에 얼마나 큰 차이가 발생하는지를 학생들이 체험했으면 하는 마음에 꼭 하는 이벤트입니다. 당연하지만 스토리텔링의 중요성을 강조하는 지루한 강의보다, 이 짧은 체험이 보다 설득력 있고 빠른 공감대를 형성합니다.

스토리텔링은 사람들의 인식과 시각을 변화시킴으로써 동일한 물건을 그 이전과 전혀 다른 것으로 보이게 하는 힘이 있습니다. 스토리텔링을 염두에 두고 만들어졌다면 경쟁이 치열한 시장에 새로 진입하는 상품이 그저 평범한, 수많은 것 중 하나로 묻혀버리지는 않을까 걱정할 필요가 없습니다.

차별화된 이야기로 스토리텔링을 진행한다면 평범했던 야구공이 이승엽의 600호 홈런볼로 탈바꿈하듯 그 순간부터 세상에서 유일하면서도 특별한 의미를 지닌, 전혀 다른 제품으로 다시 태어날 수 있기 때문입니다. 그것이 바로 새로운 전환점이 필요한 상품과 서비스가 스토리텔링 마케팅을 절실히 펼쳐야 하는 이유입니다.

내 것을 독보적으로 만드는 스토리텔링

샤넬, 프라다, 디올, 루이 비통, 구찌, 에르메스, 생 로랑, 피에르 가르뎅, 셀린느… 소위 명품이라 불리는 브랜드는 셀 수 없이 많이 있습니다. 그 많은 브랜드 모두가 치열한 경쟁 환경 속에서 비싼 가격을 유지하면서도 높은 매출과 명성을 이어가고 있는 것이 신기할 따름입니다. 케이팝의 팬덤처럼 명품 브랜드들은 제각각 두터운 마니아층을 보유하고 있습니다. 신제품이 고가에 출시되더라도 마니아들에 의해 완판(완전히 판매)되기 일쑤입니다. 세계 곳곳의 명품 매장에는 늘 길게 줄을 서서 기다리는 진풍경이 연출되곤 하지요.

핸드백과 의류, 액세서리 등 동일 카테고리의 제품을 취급하므로 외형은 서로 비슷한 기업들로 보이기도 합니다. 하지만 각각의 명품 브랜드들은 복제 불가능한 그들만의 독자적인 스타일과 제품에 대한 정책들로 저마다의 이야기를 가지고 있습니다. 취향과 개성이 서로 다른 고객은 미묘하지만 각기 다른 브랜드가 표방하는 정체성의 차이와 메시지를 꿰뚫어 봅니다. 자신의 취향에 맞는 특정 브랜드에 빠져들어 마니아가 되는 것입니다.

무수히 많은 명품 브랜드들이 저마다의 고정 고객층을 확보하며 성장을 계속할 수 있는 이유가 뭘까요? 브랜드마다 스타일과 디자인, 색깔, 품질, 사후 관리를 포함한 대고객 정책으로 표출되는 메시지 즉 차별화된 고유의 스토리가 있기 때문에 가능하다고 할 수 있습니다.

명품 브랜드들을 면밀히 살펴보면 그들의 국적과 창업주의 창업에 얽힌 이야기, 브랜드와 관련된 일화, 디자인과 특별한 패턴이 처음 생겨난 이야기, 소재의 특별함과 그것을 만드는 장인들의 노고, 해당 브랜드를 사랑한 정치인, 연예인, 문학가와의 인연 등 남들과 다른 그들만의 이야기를 끊임없이 만들어내며 고객과 소통을 하고 있다는 것을 알 수 있습니다.

최근 샤넬, 루이 비통 등의 명품 브랜드에서는 핸드백, 의류 같은 자사의 주력 상품을 판매하는 매장 한쪽에서 디저트와 커피를 파는 샵인샵Shop in shop 개념의 카페를 잇따라 열고 있습니다. 브랜드 로고가 새겨진 디저트와 시그니처 음료들이 함께 있어 고객들의 눈과 입이 동시에 즐겁지요.

나아가 루이 비통은 '생활 속의 예술Art of Living'이라는 슬로건 아래 그전에는 발을 담그지 않았던 각종 가구와 생활용품까지 제작하고 판매하고 있습니다. 이 역시 변화된 모습으로 새로운 트렌드에 맞추어 독보적인 지위를 유지하고, 고객들과 스토리를 쌓아가려는 명품 브랜드들의 새로운 시도이자 전략입니다.

이러한 추세는 비단 명품 브랜드에서만 나타나는 것이 아닙니다. 모든 산업에서 경쟁자들에게 뒤처지지 않기 위해 스토리텔링으로 독보적인 지위를 구축하려는 움직임이 가속화되고 있습니다. 많은 브랜드가 새로운 콘셉트를 도입하고 상품과 카테고리를 고유의 색깔로 리뉴얼하며 점진적인 확장과 변화를 도모합니다. 이 과정에서 고객들이 상품과 서비스 브랜드의 정체성에 대해 혼돈을 느끼지 않도록 중심을 잡고 지속적인 커뮤니케이션을 진행할 필요 또한 있지요. 이 역시 스토리텔링에 의해서만 가능하다 할 수 있습니다.

티파니앤코 TIFFANY & Co.

수없이 많은 명품 보석 브랜드 중에서 조금은 특별한 스토리텔링으로 차별화하며 독보적인 자리를 고수하고 있는 브랜드가 있습니다. 컬러 마케팅으로 입지를 다지고 있는 티파니앤코가 그 주인공이죠. 1853년에 이르러 지금과 같은 상호로 바꾼 티파니앤코의 스토리는 1837년 찰스 루이스 티파니Charles Lewis Tiffany와 존 바넷 영John B. Young 두 친구가 각자의 이름을 따 미국 뉴욕에서 창업한 '티파니앤영Tiffany & Young'에서 시작합니다.

티파니앤영은 아시아와 프랑스 귀족들로부터 매수한 세공 제품과 보석들로 뉴욕 신흥 부자들의 눈을 사로잡은 것으로 알려졌습니다. 특히 모던한 디자인으로 기존 브랜드들과 차별화하고 '블루북 Blue Book'이라는 최초의 카탈로그를 제작, 배포하면서 마케팅에서의 탁월함을 보였습니다.

티파니앤코는 영화 〈티파니에서 아침을〉(1960)에 출연한 오드리 헵번을 모델로 하여 영화 속 황실의 이미지를 완벽하게 브랜드에 입힌 것으로도 유명하지요. 영화 제목이 브랜드와 일치하는 것부터 도 그랬지만, 주인공 오드리헵번이 아침을 먹으며 티파니앤코 매장 을 바라보는 장면은 광고계에서도 전무후무한 명장면으로 꼽히고 있습니다.

티파니앤코가 지금처럼 개성 넘치는 명품으로 이름을 알리게 된 것은 그들이 보유한 독특한 컬러 때문이기도 합니다. 티파니앤 코는 스토리텔링 기법 중 컬러를 통해 자신들의 메시지와 정체성을 확보한 몇 안 되는 기업입니다. 티파니앤코의 민트색은 블루북의 표지색이기도 했습니다. 티파니앤코의 상징 민트색은 '티파니 블 루'라는 고유의 색상 명이 붙기도 했지요.

이 색은 19세기 빅토리아 시대 영국에서 결혼식 하객을 대상으 로 신부가 답례품을 보냈던 것에서 유래했다고 합니다. '로빈'이라 는 새의 알 색깔이 바로 초록빛이 도는 청색인 로빈스 에그 블루robin's egg blue였는데 신부는 결혼 후에도 자신을 잊지 말아 달라는 뜻으로 하객에게 이 색을 입힌 비둘기 모양 브로치를 선물했다고 합니다. 티파니앤코는 이 스토리에서 영감을 받아 그들만의 색깔을 재창출 해 낸 것이지요.

1886년 티파니앤코에서는 소위 '티파니 세팅'이라는 제품 라인업을 선보이며 티파니 블루 컬러로 자신들의 정체성을 알리기 시작했습니다. 이 티파니 블루색의 반지 상자는 곧 많은 여성의 동경을 자아내는 상징이 됩니다. 1998년 티파니앤코는 상표 등록으로 '티파니 블루'에 대한 독점 사용권까지 갖게 됐습니다.

이후 티파니 블루 색상의 포장재와 쇼핑백만으로도 많은 여성들의 심장을 뛰게 하고 있지요. 한 연구 결과에 따르면 티파니 블루 색상을 보는 것만으로도 주요 고객인 여성들의 심장 박동수가 20% 이상 뛰었다는 이야기가 있을 정도입니다. 티파니앤코는 빅토리아 시대의 이야기를 빌어 만들어낸 특유의 색상으로 다른 브랜드들과 차별화에 성공해 독보적인 지위에 오른 사례라고 할 수 있습니다.

최소 비용으로 최대 효과를 이끌어내는 스토리텔링

인공지능, 에스엔에스SNS, 빅데이터, 숏폼Short-form 콘텐츠, 메타버스와 같은 IT기술이 발달하고 있습니다. 기술과 결부된 매체들이 늘어남에 따라 소위 '마테크MarTech'라 불리는 마케팅을 위한 플랫폼과 솔루션 시장도 덩달아 규모가 커지고 있지요. 화제성 있는 SNS 채널을 발굴하는 데에 막대한 돈을 쓰거나 유튜브용 동영상 제작에 사활을 거는 기업들도 많아졌습니다. 앞서가는 기업들이 마테크를 이용해 성공했다는 이야기를 듣고는 뒤처지지 않기 위해 새로운 기술과 플랫폼에 자금을 투입하는 추세 역시 심화되고 있지요.

그러나 자신의 기업과 맞지 않는 무분별한 묻지마식 투자는 무척 위험합니다. 커다란 비용 손실에 더해 분열까지 일으켜 기업의 존립이 위협받는 상황도 적지 않게 발생하지요. 새로 도입하는 마케팅 플랫폼이 내부 시스템과 인력, 그간 유지해 온 마케팅 기법, 자사의 상품, 서비스와 잘 결합하고 일관성을 유지하고 있는지 그 궁합을 고려하지 않은 채 추진하면 전체 사업이 어려워집니다.

이러한 현상에 반해 스토리텔링이 입혀지면 최소한의 비용을 투입하거나, 심지어는 비용과 자원을 의도적으로 투입하지 않고도 예상 밖의 커다란 성과가 나기도 합니다. 또 오로지 스토리의 파급력만으로 마케팅 효과가 상당 기간 유지되지요. 스토리텔링은 '비용 효율적인 마케팅'을 가능하게 하는 힘을 가졌습니다.

조금은 부족한 솔루션과 플랫폼을 활용할지라도 괜찮습니다. 내 상품, 내 서비스, 내 브랜드가 대중들에게 오래 회자될 수 있는 콘텐츠의 스토리와 결부된다면 사정이 달라집니다. 내 제품을 세상에서 하나뿐인, 다른 제품들과 차별화된 전혀 다른 무엇으로 만들 수 있습니다.

스토리텔링 마케팅 초기에는 첨단 수단에 비해 더 큰 비용과 시간이 소요될 수도 있습니다. 하지만 고객의 마음에 한번 자리를 잡은 스토리는 더 이상의 비용을 투입하지 않더라도 일정 기간 또는 영원히 그 효과가 지속될 정도로 경제적입니다.

노팅힐과 퐁네프다리

여기 오로지 스토리텔링만으로 유명세와 경제적인 특수를 누리는 사례가 있습니다. 바로 영국의 노팅힐Notting Hill과 프랑스의 퐁네프Pont-Neuf 다리입니다. 영국의 노팅힐은 1980년대에 들어서 중산층을 위한 주거지역으로 변모하게 된 런던 외곽의 전형적인 베드타운 지역입니다. 영국의 유서 깊은 도시와 지역들에 비해 특별할 것 없어 보이던 곳이 1999년을 기점으로 세계 여행자들의 발길을 잡아끄는 명소 중의 명소로 자리를 잡게 됐지요.

줄리아 로버츠Julia Roberts와 휴 그랜트Hugh Grant 주연의 로맨틱 코미디 영화 〈노팅힐〉 덕분입니다. 극 중의 윌리엄(휴 그랜트)은 영국 런던의 외곽인 노팅힐에서 작은 서점을 운영하는 평범한 남자로, 애나(줄리아 로버츠)는 인기 절정의 미국 영화배우로 등장합니다. 이 영화는 '노팅힐'이라는 지역을 거점으로 사회적 신분을 뛰어넘는 소소한 사랑 이야기를 연출해냈습니다.

큰 볼거리를 제공하는 블록버스터 영화가 아니지만, 인지도 높은 두 배우의 뛰어난 연기와 평범하면서도 지루하지 않은 이야기가 합쳐져 전 세계적인 대박을 터트렸습니다. 4,200만 달러의 제작비가 들어갔는데, 8배가 넘는 3억 6,380만 달러의 수입을 거둬들인 것이지요. 영국을 배경으로 흔치 않은 흥행몰이에 성공한 〈노팅힐〉은 지금까지도 전 세계 팬들의 마음속에 로맨틱 코미디 영화의 정석으로 기억되고 있습니다.

그런데 영화사보다 더 큰 수확을 거둔 곳이 있으니 바로 영화의 배경이 된 노팅힐 지역입니다. 영화 〈노팅힐〉은 제목처럼 영국 외곽의 조용한 주택가, 노팅힐의 풍경을 고스란히 담고 있습니다. 영화가 전 세계인들의 눈과 마음을 사로잡음과 동시에 극 중 휴 그랜트가 운영했던 '노팅힐 서점Notting Hill Bookshop', 두 연인이 데이트를 즐기던 시장 '포토벨로 로드 마켓Portobello Road Market', 그리고 노팅힐에 위치한 평범한 공원까지 동반 유명세를 타게 됐습니다.

노팅힐의 작은 서점 하나는 런던의 랜드마크가 되어버렸습니다. 관광객은 노팅힐로 몰려들었고 그들을 수용하기 위한 카페와 식당은 북적입니다. 오직 노팅힐에 방문하기 위해 런던 여행 코스를 잡았다는 사람들까지 있지요. 영화 하나로 지역구 '노팅힐'은 하루아침에 글로벌 관광 명소로 유명해졌고 어마어마한 수입까지 올리게 됐습니다. 영화로 인한 유명세는 단기간으로 끝나지 않고, 20여 년이 지난 지금까지도 계속되고 있지요.

영화 촬영 시 협조 등의 작은 기여를 하긴 했겠지만 런던, 특히 노팅힐 지역구에서는 큰돈을 투자하거나 별도의 인프라를 구축한 것도 아니었습니다. 이처럼 의도하지 않은 스토리 하나로 지역 경제가 활성화되고 지속되는 것은 최소의 비용으로 최대의 효과를 얻을 수 있는 스토리텔링의 연쇄 작용으로만 설명이 가능하겠지요.

영화를 통한 스토리텔링으로 높은 인지도를 얻게 된 명소는 프랑스 파리에도 있습니다. 센강에 있는 퐁네프 다리가 그 주인공입니다. 센강에는 모두 37개의 다리가 있습니다. 퐁네프 다리는 그중 아홉 번째 다리에 불과했지요. 1578년에 건설을 시작해 1607년에 완공되어 역사적 가치가 있고, 그 세월만큼 많은 프랑스 화가의 그림 속에 자주 등장하기는 합니다. 하지만 퐁네프는 다른 다리들과 마찬가지로 센강의 다리 중 하나였을 뿐이었지요.

1991년 개봉한 레오 카락스Leos Carax 감독의 프랑스 영화 〈퐁네프의 연인들Les Amants Du Pont-Neuf〉이 다리의 위상을 한순간에 바꿨습니다. 영화가 흥행하면서, 영화를 보지 않거나 파리에 가보지 못 한 사람도 영화의 제목을 통해 파리 센강의 여러 다리 중 퐁네프만은 알게 됐습니다.

만약 파리의 관광 유치 부서에서 전 세계인들을 상대로 센강의 다리들, 그 중에서도 퐁네프 다리만을 홍보하려 했다면 어마어마한 돈과 시간, 노력이 들어갔어야 했을 겁니다. 그러나 영화 한 편으로 최단 시간에 그것을 이루어냈지요.

영화나 드라마, 소설 등에 배경으로 등장하는 마을과 건물, 거리 등이 하루아침에 명성을 입고 경제, 사회, 문화적으로 유명해져 활성화되는 사례를 국내외에서 흔히 볼 수 있습니다. 다른 장르와 포맷의 콘텐츠로도 미디어믹스media mix되어 영향력이 확대, 재생산되는 사례도 많아지고 있지요. 의외로 여기저기서 스토리텔링은 '최소 비용으로 최대 효과를 만들어내는' 힘을 발휘하고 있습니다.

오랫동안 효과가 지속되는 스토리텔링

호랑이는 죽어서 가죽을 남기고 기업의 상품과 서비스, 브랜드는 없어져도 스토리를 남깁니다. 단, 그 기업의 상품과 서비스가 고객들에게 각인될 만한 스토리텔링에 성공했을 때의 이야기이지요.

우리는 누구나 제목만 들어도 내용을 떠올릴 수 있는 지역과 동물, 풍습에 얽힌 전래동화를 알고 있습니다. 그러나 전래동화를 누가 언제 만들었는지는 알지 못합니다. 전래동화가 전달하는 익숙하고 강력한 메시지를 통해 동화가 가진 교훈과 그와 연관된 지역, 동물들에 관한 이야기를 오랫동안 기억하고 있을 뿐입니다. 상품이나 서비스, 브랜드도 마찬가지입니다.

스토리가 입혀진 상품과 서비스, 브랜드는 시간이 흘러도, 아니 시간이 지나면 지날수록 사람들에게 감성적인 의미가 더해져 더 특별한 것으로 인식되기도 합니다. 심지어 더 이상의 쓸모나 수요가 없어져 사라져버린 브랜드와 상품, 서비스들도 비즈니스의 역사 속에서는 교과서적인 스토리로 영원히 남을 수 있습니다.

테디 베어 Teddy Bear

테오도르 루스벨트Theodore Roosevelt는 미국의 26대 대통령입니다. 그는 현재까지 가장 존경받는 미국의 대통령 중 한 명으로 꼽힙니다. 국제적 갈등 국면 해소에도 기여가 높았던 루스벨트는 1906년, 노벨평화상까지 수상했습니다. 강직한 성품과 애국심, 공명정대한 의

사 결정으로 온 국민의 사랑을 받던 루스벨트 대통령, 미국인들은 그에게 테디Teddy라는 애칭을 지어 붙였습니다.

대통령 '테디'에게는 곰과 관련된 유명한 일화가 있습니다. 1902년 미시시피주를 방문하게 된 루스벨트 대통령이 지인들과 함께 그 당시 유행하던 곰 사냥에 나섰을 때의 일입니다. 사냥이 잘되지 않아 낙심하던 일행은 각고의 추격 끝에 어린 곰 한 마리를 궁지에 몰아넣을 수 있었습니다. 사람들은 대통령인 루스벨트에게 사냥을 마무리 짓기 위해 그의 총으로 곰을 쏘라 권유했다고 합니다.

그러나 루스벨트는 생포된 어린 곰을 죽이는 것은 바람직하지 않은 일이라며 곰을 놓아주기로 합니다. 이야기는 곧 워싱턴 포스트에 만평으로 실렸습니다. 이 일을 계기로 사람들은 애처로운 상황에 놓인 새끼 곰에게도 선처를 베푼 그들의 대통령 '테디'에게 더욱 큰 존경심을 갖게 됐습니다. 그런데 이야기는 여기서 끝나지 않았습니다. 뉴욕 브루클린에서 장난감 가게를 하고 있던 '모리스 미첨'은 이 기회를 놓치지 않았지요. 독일에서 수입해 판매하던 곰 인형에 테디라는 이름을 붙여 팔기 시작한 것입니다.

루스벨트의 인기와 맞물려 곰 인형 '테디'는 곧 날개 돋친 듯 팔렸습니다. 고무된 모리스 미첨은 단순히 판매하는 것에 그치지 않고 회사를 설립해 '테디베어' 제조 및 유통 사업에 본격적으로 뛰어들었습니다. 그 후 테디베어는 미국에서 곰 인형의 대명사로 불리며 사랑을 받게 되었고 그 인기는 곧 전 세계로 확장되었습니다. 수없이 많은 테디베어가 만들어졌고 초기에 만들어진 테디베어 인형은 골동품처럼 경매에서 고가에 거래되고 있습니다.

　한국을 비롯한 세계 곳곳에 테디베어 박물관이 만들어질 정도로 테디베어 열풍은 문화의 하나로 자리를 잡았습니다. 단일 인형 브랜드로는 보기 드문 성공과 함께 역사, 전통을 자랑하는 아이템으로 성장했지요. 미국인들은 루스벨트의 생일인 10월 27일을 '테디베어의 날'로 정해 기념하고 있습니다. 100년이 훌쩍 지났지만, 루스벨트의 일화를 담은 스토리텔링은 테디베어라는 브랜드와 상품에 지속적인 영향력과 힘을 부여합니다.

　신화, 전설과 같이 사람들의 뇌리에 각인된 스토리는 세대를 이어가며 전승되는 생명력을 지니고 사람들의 태도와 행동에도 영향을 미칩니다. 그러나 지나치게 인위적인 이야기는 일련의 마케팅 활동이 끝난 후 확장과 수용의 한계에 부딪히곤 합니다. 따라서 스토리텔링 마케팅을 기획할 때는 스토리를 상품과 서비스, 브랜드 내에 가두지 말고 인위적으로 만들어낸 것이 아닌 것처럼 외부의 사건과 사물, 인물 등과 자연스럽게 연결되도록 세심하게 만들어내는 것이 좋습니다.

　스토리텔링 마케팅이 고객들에게 오랜 기간 지속적인 영향력을 미치고 본연의 힘을 발휘하기 위해서는 잊지 않아야 합니다. 인위적이지만 인위적인 것이 아닌 것처럼 연출하고 제품에 관한 것이지만 제품에 관한 것이 아닌 것처럼 만들어내는 기획력과 전달 능력이 꼭 필요하다는 것을요.

　비즈니스에서 수익을 창출하기 위해 쓰이는 스토리텔링은 분명 일반적으로 말하는 스토리텔링과 접근 방식과 전개 방식이 다릅니다. 여러분의 상품·서비스·브랜드는 일반화할 수 없는 고유의 특성과 맥락이 있을 겁니다. 당연하게도 천편일률적인 방법을 적용해서는 브랜드에 찰싹 들어맞는 스토리텔링을 하기 어렵지요. 가장 쉽게 좋은 스토리텔링을 하는 방법은 성공한 브랜드가 도대체 어떻게 스토리텔링을 했는지 살펴보는 것입니다.

백문이 불여일견이라고 하지요. 지금부터 비즈니스에 스토리텔링을 마법처럼 녹여낸 사례들을 살피려 합니다. 앞서 소개한 비즈니스 스토리텔링에 꼭 들어가야 할 네 가지 것들, ❶ 주제 ❷ 소재 ❸ 서술 구조 ❹ 채널이 어떻게 각 성공한 마케팅에 구현되었는지도 고루 설명되어 있지요. 앞으로 소개할 22개의 스토리텔링 기법은 여러분이 주로 어떤 서술 구조를 택하면 좋을지 가이드가 되어줄 겁니다. 비즈니스의 스토리를 만들 때 훌륭한 소재로 사용하셨으면 합니다.

PART 2

스토리텔링 전략 첫 번째,

연결 지어 스토리셀링하기

고객들의 감성에 호소할 수 있는 스토리 창작, 유통, 확산 방법에는 공식이나 정답이 없습니다. 기업의 입장에서 잘 만들어졌다고 자평하는 스토리텔링이 시장에서 의외의 냉담한 반응에 직면하는 경우도 있는가 하면, 반대로 기대하지 않았으나 최초의 의도와 상관없는 부수적인 스토리들이 생성되면서 기업에 커다란 이익을 가져오는 경우도 많기 때문입니다.

2장부터 4장까지는 스토리텔링의 기법과 사례를 유형별로 소개하려 합니다. 하지만 정형된 틀이나 최초 기획한 스토리텔링의 의도와 목적에 지나치게 얽매일 필요는 없습니다. 과정 중에 드러나는 여러 변수를 즐기고 받아들여야 합니다. 때론 방향과 목적까지 바꿀 수 있는 탄력적인 운용과 대응이 필요하지요.

스토리텔링의 기법의 첫 번째 묶음인 '연결 지어 스토리셀링하기'는 신화와 전설, 타업종 및 타사의 제품, 감성 이미지, 문화콘텐츠 등과 마케팅하고자 하는 상품, 서비스, 브랜드를 연결시켜 이미지 오버랩과 연결을 통해 소기의 성과를 거두는 방법을 모아서 소개합니다.

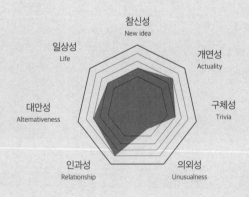

01

페어링: 짝지어 연상시키기

×

성공적인 스토리텔링을 위해서는 시장 내의 다른 상품과 서비스를 먼저 살펴볼 필요가 있습니다. 자신이 가진 상품·서비스·브랜드와 유기적인 관계를 형성할 수 있는지, 타깃 고객들의 일상생활 패턴 속에 오랫동안 그리고 친근하게 자주 사용되는 상품과 서비스가 있는지 말이지요. 그것과의 관련성을 확보하는 것으로 스토리텔링의 방향을 정해보는 것이 가능합니다.

일명 페어링Pairing이라고 할 수 있는 이 짝짓기 기법은 'A하면 B다!'라는 서로 다른 상품 간의 관계 설정을 통해 조건반사적인 연상 작용을 불러일으키는 방법입니다. 고객은 페어링 된 연상 작용으로 선택의 상황에 직면했을 때 해당 상품과 서비스를 우선하여 고르게 됩니다. 이 심리적인 연결을 잘 활용하면 특성 시장에서 페어링된 제품과 힘께 경쟁 우위를 섬할 수 있지요.

함께 사용하면 상호 시너지를 낼 타 상품이나 서비스가 존재하는가?

▼

해당 상품과 상호 보완재의 관계인가?

▼

"A하면 B다!"

피자와 콜라, 냉면과 만두, 자장면과 단무지, 칼국수와 김치, 카스텔라와 우유의 음식 궁합처럼 어느 순간 자연스럽게 연결이 형성된 것도 있습니다. 하지만 커피엔 프리마, 양꼬치엔 칭따오, 열이 날 땐 부루펜, 과음엔 컨디션, 배멀미엔 키미테, 상처엔 마데카솔 등과 같이 특정 기업에서 의도를 가지고 페어링한 경우도 많이 있습니다. 이렇게 의도된 페어링은 반복 노출과 체험을 통해 고객의 인식 속으로 파고들지요.

우리 제품에 대해 다수의 고객으로부터 이런 조건반사적 연상을 이끌어낸다면, 곧 페어링을 통한 스토리텔링 마케팅의 첫발을 내디딘 것입니다. 함께 이용하면 궁합이 좋을 최적의 아이템을 주변에서 발굴해 페어링의 가능성을 타진해 보세요.

양꼬치엔 칭따오 TSINGTAO

칭따오는 중국 청도를 잠시 점령했던 독일인이 남기고 간 맥주 공장에서 시작된 청도의 대표 맥주입니다. 맥주 소비량 세계 1위인 중국에서 칭따오의 인기는 화룬맥주 다음으로 높은 2위를 차지하고 있습니다. 칭따오는 2000년에 한국 시장에 진출했습니다. 당시 한국에는 다양한 국내외의 브랜드 맥주들이 확고하게 자리를 잡고 있었기에, 중국에서와 같은 인기를 얻어내기란 쉽지 않았지요. 국내 맥주 회사의 점유율이 높기도 했지만, 맥주의 종주국이라는 독일 브랜드와 일찌감치 국내 시장에 진입해 있던 일본 브랜드의 장벽이 생각보다 높았기 때문입니다.

그러나 2010년대에 접어들면서 칭따오는 한국에서 수입맥주 시장 점유율 1, 2위를 다투는 인기 브랜드로 급성장했습니다. 바로 양꼬치와의 페어링 덕분입니다. 처음엔 중국 교포가 밀집해서 거주하는 지역 위주로 성행하던 양꼬치 문화가 어느새 한국인들의 식문화로 대중화되기 시작했고, 중국에서 온 양꼬치는 역시 중국에서 온 맥주와 잘 어울린다는 '양꼬치엔 칭따오' 카피가 먹힌 것입니다. '중국 음식은 고량주'라는 기존 관념까지 깬 새로운 시도이자 도전이었습니다.

'양꼬치엔 칭따오'는 방송 채널 tvN의 인기프로그램 〈SNL 코리아〉에서 배우 정상훈이 '양꼬치엔 칭따오'라는 예명의 중국 특파원 연기를 펼치면서 인기에 불이 붙었습니다. 칭따오 맥주의 국내 유통사에서는 이 기회를 놓치지 않고 배우 정상훈을 광고 모델로 발탁, 양꼬치와 칭따오의 관계를 더욱 공고히 묶어냈지요. 다른 중국 음식과 달리 양꼬치엔 맥주가 제격이며 맥주 중에서도 '칭따오'가 제일 잘 어울린다는 복잡하고 어려운 권유를 단 한마디로 정의해 버린 스토리텔링이었습니다.

'양꼬치엔 칭따오'는 이제 페어링 마케팅의 교과서적인 사례로 급부상했습니다. 칭따오 맥주에서는 페어링의 스토리텔링을 통해 늘어나는 양꼬치 전문점을 상대로 적극적인 영업을 했지요. 여럿이 함께 술을 나누는 한국인들의 술자리 문화를 고려해서, 양꼬치 식당에는 일반 맥주병보다 큰 640ml 대용량 제품을 공급하며 타 브랜드 맥주와의 차별화도 꾀했습니다. 양꼬치의 특성과 한국의 문화를 잘 활용한 페어링 전략의 전형이라 할 수 있습니다.

일요일엔 짜파게티

자사 및 타사 브랜드의 다양한 제품들이 이미 출시되어 자리를 잡은 시장에서 신제품으로 신규 진입에 성공해 내기란 그리 쉬운 일이 아닙니다. 국내에서 일명 포화시장이라 할 수 있는 분야를 꼽자면 '라면'을 빼놓을 수 없지요. 농심, 삼양, 오뚜기, 팔도와 같은 메이저 업체부터 국내외 중소 업체들까지 각자의 개성과 특징을 어필하며 무한 경쟁을 벌이고 있는 곳이 바로 라면 시장입니다. 한국의 국민 1인당 라면 소비량은 2021년 기준 연간 73개로 세계 1, 2위를 다투고 있습니다(2021년 기준 1위는 베트남이네요). 시장 규모가 큰 만큼 공급자들 간에도 경쟁이 치열합니다.

지금은 라면으로 정상을 달리고 있는 브랜드 '농심'에서는 1984년 3월, 몇 차례의 시행착오 끝에 '짜파게티'라는 이름의 짜장 라면을 출시했습니다. 당시에는 얼큰한 국물에 면발을 풀어 먹는 빨간 국물 라면이 일반적이었기에 새로운 장르의 라면이었던 '짜파게티'는 세련된 이름과 맛으로 소비자들의 관심과 호응을 단번에 끌어냈습니다. 그러나 짜파게티의 인기가 치솟자 곧 경쟁사들도 연이어 짜장 라면을 출시하며 경쟁 구도가 생겼습니다. 농심에서는 1996년 별첨의 유성 스프에 올리브유를 첨가하는 등 맛과 이미지의 고급화를 꾀했으나, 후발 주자들의 추격이 만만치 않았지요.

이때 소비자들의 머릿속에 짜파게티를 강력하게 인식시킨 키워드가 등장했으니, 그것은 바로 '일요일＝짜파게티'라는 공식으로 페어링을 이루어낸 스토리텔링 광고였습니다. 경쾌한 CM송과 함께 "일요일은 내가 짜파게티 요리사~"라고 외치는 카피는 주말 식단을 고민하던 많은 사람의 마음을 휘어잡았습니다.

사람들은 어느새 CM송을 흥얼거리며 일요일에는 으레 짜파게티를 먹어야 하는, 아니 짜장 라면을 먹으려면 짜파게티로 먹어야 한다는 인식이 생겼지요. 대중의 마음에 일요일과 짜파게티 간의 강한 결속이 들어온 것입니다. 짜장 라면을 먹지 않던 사람도 일요일이라는 페어링된 스토리를 기회로 일요일에 짜파게티를 맛보게 됐습니다. 최초 진입을 유도하는 일종의 시식 유도 마케팅의 효과도 덩달아 생겼습니다.

자칫 범용적으로 확장될 수 있는 수요가 페어링된 대상과의 지나친 결속으로 인해 오히려 위축되는 것이 아니냐는 지적과 도전을 받을 수 있겠습니다. 그러나 칭따오와 짜파게티의 사례처럼 제품 자체가 범용적으로 쓰일 수 있는 것이라면 상황이 다릅니다.

이 경우 페어링은 체험과 진입의 마중물로 활용될 뿐, 반드시 페어링된 상황에서만 사용되는 것은 아니므로 걱정할 필요가 없습니다. 페어링의 결속은 속박이 아니라 특정 시장에서의 지위를 공고히 하고 그것을 발판 삼아 전체 시장으로 뻗어 나가게 하는 선제적 스토리텔링 마케팅의 한 방법입니다.

©농심(brand.nongshim.com)

양꼬치 식당에서 칭따오 맥주를 곁들이던 사람들은 이후 다른 음식을 먹을 때도 익숙해진 칭따오를 찾기 마련이며 일요일에 짜파게티를 먹던 사람들은 평일에도 짜장 라면을 먹을 상황이 되면 짜파게티를 먹는 것이지요.

02

역사, 신화를 발굴하고 연관 짓기

✕

스토리텔링의 소재를 가장 손쉽게 구하는 방법은 상품·서비스·
브랜드의 출범과 관련된 역사나 신화, 에피소드를 찾아내는 것입니
다. 찾아낸 소재를 활용해서 개성이 돋보이게 제품에 엮어낸다면
훌륭한 명작이 만들어집니다. 사람들은 비범한 탄생 이야기에 관심
을 두기 마련입니다. 그리고 그렇지 않은 평범한 제품보다 그런 이야
기를 품고 태어난 사연 있는 브랜드의 제품을 구매하고 싶어 하지요.

하지만 모든 상품과 서비스, 브랜드가 처음부터 감동적인 창업
스토리를 가지고 태어나는 것은 아닙니다. 그래서 '찾는다' 보다 '발
굴한다'는 표현이 더 적합하다고 할 수 있습니다. '사람들이 필요로
하는 제품을 기획했고 그것을 사람들에게 공급하기 위해 적당한 브
랜드를 만들어 상품을 공급한다'는 런칭 스토리는 식상합니다.

잘 다듬어진 탄생 비화는 사람들이 해당 상품이나 서비스, 브랜

> 고객에게 전달하고 싶은 감성이나 이미지, 철학, 이념이 있는가?

▼

> 역사/신화/전설에서 차용 가능한 감성인가?

▼

"B에는 A의 전설/신화가 깃들어 있다"

드를 좀 더 잘 기억할 수 있도록 합니다. 스토리가 자연스럽게 고객에게 내재화되면서 한 번도 써보지 않아 사실 낯설 제품도 친근하게 인식할 확률을 높입니다.

새롭고 흥미로운 브랜드를 잘 만들고도 평범한 이야기로 오히려 선호도를 반감시키는 경우가 많이 있습니다. 사람들의 기대치에 못 미치는 너무나 상투적인 이야기이기 때문이지요. 잘 만들어진 브랜드의 창업 스토리(또는 그와 관련된 전설, 신화, 역사적 사건 등등)는 단기적인 사업의 성공에도 이바지할 뿐 아니라 브랜드가 소멸할 때까지 영속적으로 함께한다는 것을 잊지 말아야 합니다.

출시 때부터 상품과 서비스, 브랜드에 특별한 의미를 부여할 수 있는 이야기를 찾아내고 가공하는 노력을 기울여보세요. 그 스토리는 기업을 지탱하는 중심이 될 뿐 아니라 기업이 사라진 후에도 하나의 전설로 남게 될 것입니다.

청바지의 역사 리바이스Levi's

1850년대 후반, 미 서부에서는 일명 '골드러시Gold Rush'라는 붐이 일어났습니다. 금을 캐기 위해 각지에서 서부로 많은 사람이 몰려든 것입니다. 그런 인파를 쫓아 서부에 도착한 사람 중에는 독일 출신 이민자 리바이 스트라우스Levi Strauss도 있었습니다.

그의 목적은 금 캐기가 아니었습니다. 금을 캐는 광부들에게 천막이나 포장마차 제작에 사용되는 질긴 천을 납품하기 위해 그들을 따라 서부로 온 것입니다. 그런대로 사업이 번창해 가던 어느 날, 그는 군납을 위해 천막 천을 대량으로 생산했다가 갑자기 판로가 막혀 좌절하고 맙니다.

기존 사업마저 망할 위기에 처했지만 리바이 스트라우스는 새로운 기회를 포착했습니다. 광산에서 일하는 광부들이 쉽게 해지는 바지로 인해 어려움을 겪고 있는 것이 보였죠. 리바이 스트라우스는 튼튼한 자신의 천막 천을 사용해 바지를 만들면 닳지 않을 것이란 생각을 하게 됩니다.

그는 곧 대량으로 만들어둔 천으로 그것을 실행에 옮겼고 '천막천으로 만든 튼튼한 바지'는 광부들에게 큰 인기를 끌게 됐습니다. 거친 환경에서 일하는 농부나 목동들의 작업복으로도 사용된 리바이 스트라우스의 바지는 이후 세대를 거쳐 개량됐지요. 1930년대부터는 일반인들의 평상복으로까지 입지를 넓혔습니다.

현대에 이르러 신소재 개발과 함께 발전한 다양한 브랜드의 청

ⓒ리바이스(levistrauss.com)

바지들이 하나의 장르를 이루며 패션 시장에서 각축을 벌이고 있
습니다. 뛰어난 품질과 디자인의 청바지들이 명품의 반열에 오르
며 시장을 선도하지요. 하지만 청바지는 역시 리바이 스트라우스가
1853년에 만들어낸 브랜드 리바이스가 원조라는 인식이 있습니다.

그 명예와 자부심은 150여 년이 지난 지금까지 사라지지 않았지요. 리바이스는 여전히 최고의 전통을 지닌 청바지의 대명사로 대우를 받고 있습니다.

리바이스는 전설 같은 창업 스토리와 함께 그들이 미국의 역사와 함께 성장했음을 꾸준히 내세우며 광고와 마케팅을 진행하고 있습니다. 스토리를 통해 원조를 선호하는 고객의 감성에 부합하는 오리지널 마케팅을 진행함으로써 무한 경쟁이 일어나고 있는 패션 시장에서도 그 가치와 독보성을 인정받고 있지요.

레이디 고다이바의 품격을 입은 고디바GODIVA

고가의 명품 초콜릿으로 알려진 고디바. 고디바는 차별화가 힘든 초콜릿 시장에서 전설의 스토리 발굴과 연계를 통해 명품의 이미지로 도약을 이룬 사례입니다.

고디바의 역사는 1926년 벨기에의 조셉 드랍스Joseph Draps라는 한 쇼콜라티에(초콜릿을 만들거나 초콜릿을 이용하여 디저트를 만드는 일을 전문으로 하는 사람)에 의해 시작됐습니다. 브뤼셀 광장 한쪽에 자리 잡은 가게의 이름은 쇼콜라티에 드랍스Chocolatier Draps였습니다. 초콜릿 장인인 조셉 드랍스와 부지런한 가족들의 노력으로 그들의 초콜릿 상점은 브뤼셀에서 자리를 잡았습니다.

그러나 조셉 드랍스는 인근 초콜릿 상점들과의 치열해지는 경쟁에서 살아남고 좀 더 고급스러운 이미지로의 도약을 위해서는 단순히 값비싼 재료와 맛이라는 품질로만 승부할 수 없다는 판단을 하게 됩니다. 1956년, 조셉 드랍스는 본격적인 사업을 위해 새로운 가게를 개점하면서 고디바라는 이름을 짓지요.

고디바는 11세기 영국 코벤트리 지방 영주의 아내 레이디 고다이바Lady Godiva의 이름에서 따왔다고 합니다. 레이디 고다이바의 이야기는 영국을 포함한 유럽 일대에서 전설처럼 전해지던 이야기입니다. 코벤트리 지방의 영주였던 레오프릭은 백성들로부터 과도한 세금을 거둬들였고 이로 인해 백성들의 삶이 곤궁에 빠지게 됐습니다. 이때 보다 못한 레오프릭의 부인 고다이바가 나섰습니다. 그는 남편을 설득해 백성들의 세금을 낮추고자 노력했지요.

그러나 남편 레오프릭은 당시의 다른 영주들과 마찬가지로 백성들의 무거운 세금을 깎아줄 생각이 없었습니다. 고다이바의 청을 거절하기 위해 지나가는 말로 '당신이 옷을 하나도 걸치지 않고 마을을 한 바퀴 돌아온다면 생각해 보겠다'며 강수를 뒀지요. 보수적이며 명예를 중시하던 11세기의 상황에서 그런 일을 할 리는 만무하다 생각했기 때문입니다. 그러나 백성들의 고통을 보고 있을 수만은 없었던 마음씨 착한 고다이바는 귀족 부인으로서의 신분과 체면을 내려놓고 발가벗은 채 말을 타고 마을 돌기를 결심하게 됩니다.

고다이바가 말을 타고 거리로 나서던 날, 거리에는 그 누구도 모습을 보이지 않았습니다. 모든 집의 문과 창을 닫고 안에서 밖을 볼 수 없게 두꺼운 천과 커튼을 드리웠습니다. 자신들을 위해 희생하

는 귀족 부인의 수치심을 없애기 위해 영내의 백성들 누구도 그녀의 발가벗은 몸을 보지 않기로 약속한, 감동적인 장면이었습니다. 남편 레오프릭은 깊은 감명을 받아 백성들의 세금을 낮췄고 그녀와 함께 독실한 가톨릭 신자가 되었다고 합니다.

사실 조셉이 초콜릿 사업을 벌이고 있는 나라 벨기에와 고다이바의 이야기가 있는 영국 귀족 가문은 어떠한 연관성이나 교류도 없는 상황이었지요. 그러나 조셉 드랍스는 '레이디 고다이바의 남을 생각하는 마음과 숭고한 용기, 아름다운 모습과 고귀함을 초콜릿에 담는다'며 그녀의 이야기를 브랜드에 엮어냅니다.

조셉 드랍스는 브랜드의 로고 또한 발가벗은 모습으로 말을 타고 있는 레이디 고다이바를 소재로 도안했습니다. 이후 고다바는 몇 번 주인이 바뀌었지만, 세계적인 명품 초콜릿 브랜드로 승승장구하고 있으며 한국에도 2012년, 1호점 개점을 시작으로 매장 수를 확장하고 있습니다.

고디바의 이야기는 브랜드와 스토리텔링을 접목시키기 위한 신화나 전설이 반드시 직접적인 창업 스토리나 제품과 관련이 있어야 한다는 고정관념을 깨뜨린 사례라고 할 수 있습니다. 관련이 없어보이는 먼 나라의 이야기라도 그 정신과 의미를 빌려 올 수 있다면 그것을 엮어 우리 기업의 스토리로 만들어 낼 수 있는 것입니다.

전설의 사이렌과 함께하는 스타벅스Starbucks

이미 많은 상품·서비스·브랜드에서 신화, 전설과 관련된 스토리를 자신들의 것으로 차용하여 이미지 제고와 함께 고객들의 머릿속에 각인시켜 나가는 활동을 하고 있습니다. 이런 노력들은 이미 알려진 이야기, 또는 널리 알려지지 않았지만 신선한 이야기를 엮음으로써 고객이 더 쉽고 빠르게 우리의 상품·서비스·브랜드를 인식하게 만들기 위한 시도입니다.

유명 브랜드 나이키(승리의 여신 니케), 비너스(미의 여신), 오리온(사냥꾼), 에르메스(상인의 수호신), 박카스(술의 신), 아폴로(태양의 신), 발칸(대장장이 신), 헤라(신들의 여왕), 올림푸스(신화의 무대), 암브로시아(신들의 음식), 네타르(신들의 음료), 뮤즈(예술의 신), 가이아(대지의 신), 메두사(마녀)와 같은 상품명은 모두 그리스 로마 신화에서 그대로 따온 것입니다. 신들이 상징하는 이미지와 이야기를 차용해 단숨에 이미지 제고에 성공한 사례들이지요.

커피전문점 스타벅스 역시 문학의 전설과 이미지 엮기를 통해 브랜드를 알리고 성공했습니다. 스타벅스라는 이름은 허먼 멜빌Herman Melville의 장편 소설 《모비딕Moby-Dick》에 등장하는 고래잡이배 '피쿼드Pequod호'의 1등 항해사 스타벅Starbuck의 이름에서 따온 것입니다.

그리고 스타벅스의 심볼은 그리스 신화에 나오는 전설의 반인반어(반은 사람이고 반은 물고기인 존재) 사이렌Siren의 형상을 차용해 도안했습니다. 사이렌은 인어의 모습으로 바닷가에서 아름다운 노래를 불러 선원들을 꾀어낸 후 갑판에서 바다로 뛰어내려 죽게 만드는 마성을 지닌 전설의 존재입니다. 스타벅스라는 이름과 신화 속 존재 '사이렌'의 이미지가 시애틀이라는 바닷가 도시에 1호점을 창업한 커피점 스타벅스에 결합하여 신비로우면서도 친근한 감성을 전달했지요.

스타벅스는 커피로 사람들의 취향을 꾀어내겠다는 야심찬 목적의식을 심볼이 주는 이미지와 스토리로 형상화했습니다. 스타벅스는 모바일 주문 시스템에 사이렌 오더Siren Order라는 이름을 붙였지요. 신화 속 사이렌이 노래를 부르듯 먼 곳에서 주문 가능한 커피로 고객을 불러낸다는 의미입니다. 이 또한 신화가 품고 있는 이야기를 연속적으로 잘 활용하고 있는 예라고 할 수 있습니다.

03

감성적 이미지 입히기

×

　스토리텔링은 '감성마케팅'이라는 점을 다시 한번 강조하고 싶습니다. 사실을 적시하고 정확한 정보를 전달하는 것이 비즈니스 스토리텔링의 주요 기능이기도 하지만 이야기 속에 내포된 메시지를 공감의 언어와 기법으로 표출하는 것 또한 스토리텔링만의 고유 영역이자 기능이라 할 수 있지요.

　감성마케팅을 위해서는 누구나가 공감하고 감동할 만한 보편적 인류애와 정서를 근간으로 깔고 이야기를 전개하는 것이 큰 도움이 됩니다. A라는 감성이 B라는 제품의 형식으로 표출된다는 감성 메시지를 전달하는 것입니다.

고객에게 전달하고 싶은 감성이나 이미지, 철학, 이념이 있는가?

▼

특정 감성과의 연결 고리 생성이 가능한가?

▼

"A라는 감성의 결정체 B"

'감성적 이미지 입히기'는 브랜드가 추구하는 가치나 철학을 공표하는 것과는 조금 다른 개념입니다. 고객들이 구체적인 상품을 구매하고 또 소비하는 행위가 보편적인 인류애를 나누는 소소한 실천으로 비춰지도록 만드는 것입니다. 이 소비가 '다른 사람과의 나눔을 통해 보편적 인류애를 실천할 방법'이 될 수 있음을 이야기하는 것이지요.

거창한 이념이나 가치를 좇거나 오로지 '나'라는 개인의 소비와 만족만을 위해 사용하는 것이 아니라, 상품의 구매와 전달 행위가 곧 감성 전달의 도구가 됨을 소비자에게 전달할 수 있다면 그것이 바로 감성적 이미지를 입히는 스토리텔링 기법입니다.

정의 상징 초코파이

1974년, 현재는 오리온으로 사명을 바꾼 동양제과에서 국내 최초로 '초코파이Choco Pie'라는 히트 상품을 세상에 선보였습니다. 그런데 이 상품이 인기를 얻기 시작하자 해태, 롯데, 크라운 등 경쟁사들 역시 초코파이라는 동일한 이름의 제품을 곧이어 출시했습니다. 당시 동양제과는 초코파이가 동양제과 고유의 등록상표라며 소송까지 진행했으나 패소하여 초코파이는 누구나가 출시할 수 있는 상품이 되고 말았습니다.

최초 출시자로서 가질 수 있었던 선점 효과가 옅어지고 경쟁사들의 파상적인 광고 공세까지 이어지자 동양제과는 마케팅 차별화가 절실해졌습니다. 이때 동양제과가 만들어낸 것이 바로 감성적 소재를 활용한 스토리텔링이었습니다. 1989년 동양제과는 '초코파이를 나누는 것이 곧 마음을 나누는 것'이라는 정(情) 캠페인을 시작했습니다. 결과는 대성공이었지요.

동양제과는 혼자 먹기보다는 무엇이든 주변 사람들과 나눠 먹는 한국인의 특성을 잘 관찰해냈습니다. 초코파이는 초콜릿으로 만들어 녹기 쉬운 제품입니다. 이런 특수성으로 인해 당시로는 흔치 않은 개별 포장을 해야 했습니다. 12개들이 박스 단위로 판매를 시작했지요. 아주 저렴하지는 않았지만 그렇다고 다른 사람에게 선뜻 내어주지 못 할 정도로 부담되는 가격도 아니었습니다. 사람들은 12개들이 초코파이 한 박스를 구매하면 가족, 친구, 동료와 나누어 먹곤 했습니다. 이웃과 먹거리를 나눈다는 것은 한국인의 고유한 정서 '정'과 일맥상통했지요.

동양제과는 초코파이를 나눔으로써 정을 전달하는 상황별 광고를 제작했습니다. 또 '초코파이가 곧 정'이라는 도식을 '말하지 않아도 알아요~'라는 CM송과 함께 히트시켰습니다. 동양제과는 지금도 '정'이라는 단어 하나로 장문의 스토리가 사람들에게 전달할 수 있는 것 이상의 감성 메시지를 전달하고 있습니다. 초코파이의 원조로 위상을 지켜가고 있음은 물론이지요.

위로를 전하는 박카스

초코파이와 견줄 만큼 감성적인 스토리텔링으로 메시지 전달에 성공한 사례는 자양강장제 박카스에서 찾을 수 있습니다. 박카스는 원래 1961년 동아제약에서 알약 형태로 출시한 자양강장제였습니다. 그러나 곧 병입을 한 드링크제로 변신을 꾀했고, 피로회복제로 통하는 자양강장제가 그리 흔한 시절이 아니었기에 박카스는 곧 해당 상품군에서 1위의 자리에 무혈입성할 수 있었습니다.

그러나 박카스는 1976년, 급성장에 제동이 걸리게 됩니다. 피로회복 약제의 무분별한 복용을 막기 위해 정부에서 자양강장제 드링크류의 광고를 금지한 것입니다. 시간이 지나 규제가 풀렸다고는 하지만 이미 경쟁사에서 유사제품을 출시하고 수많은 대체재가 마케팅에 박차를 가하는 무한 경쟁 시장이 되어버린 것이죠. 선출시 효과가 희미해질 무렵, 동아제약은 박카스에 대한 스토리텔링을 시작했습니다. 초코파이를 통해 정을 나누듯, 일상 속에서 피로를 느끼는 이웃들에게 힘과 위로를 전달하는 수단으로 박카스를 꺼내왔습니다.

먼저 동아제약은 일상의 이야기로 스토리텔링을 끌어가기 위해 유명 연예인 대신 일반인을 광고 모델로 기용했습니다. 청소부, 수험생, 육아에 지친 엄마, 녹초가 된 직장인 등에게 한 병의 박카스로 피로와 근심을 날려버릴 위로의 메시지를 전달했지요. 박카스는 단순한 기능성 음료 한 병이 아니라, 심심한 위로와 긍정의 에너지를 함께 전달하는 매개라는 점을 강조했습니다.

박카스의 스토리텔링은 큰 성공을 거뒀고, 출시된 지 수십 년이 지난 지금까지 피로회복제의 대명사로 불리고 있습니다. 그것이 가능했던 이유는 바로 박카스 하면 '타인에 대한 위로 또는 격려'의 이미지가 떠오르도록 스토리텔링 되었기 때문입니다.

스토리텔링이라고 반드시 긴 문장과 서사 구조를 가져야 하는 것은 아닙니다. 상품과 결합한 짧은 키워드 하나와 그것을 통한 의미 부여만으로도 고객들의 감성을 어루만지는 스토리텔링이 될 수 있습니다.

한국인의 효심을 울리는 경동보일러

2006년, 사명을 '경동나비엔'으로 변경한 경동보일러는 1978년 설립된 이래 보일러 및 온수기를 전문으로 생산, 판매해 온 중견기업입니다. 경동보일러가 타사 대비 매출액 1위의 '국민 보일러'로 등극하게 된 것은 1991년 처음 방영된 광고의 스토리텔링에 의한 영향이 크다고 할 수 있습니다.

광고에서는 어느 외딴 시골 마을을 배경으로 추운 날씨에 고생하는 노부부의 생활을 보여줍니다. 그리고 며느리로 추정되는 여성의 '여보, 아버님 댁에 보일러 놓아드려야겠어요'라는 나레이션으로 끝을 맺지요.

경동보일러의 이 광고는 자식들의 교육과 성공을 위해 고생을 마다하지 않던 당시 부모님의 전형을 보여준 것으로, 농사짓는 부모를 고향에 두고 상경한 많은 자식의 감성을 자극했습니다. 이 시절 한국에서 유독 강세를 보이는 감성 포인트가 있었으니 그것은 바로 '효심'이었던 것입니다. 첫 월급을 타면 부모님께 빨간 내복을 선물하는 것, 명절이면 아무리 길이 막혀도 부모님을 찾아뵈어야 하는 것도 한국인의 도리이자 효심이었지요.

경동보일러는 이 카피를 통해 몸을 따뜻하게 만드는 보일러에서 마음을 따뜻하게 만드는 보일러로 변신했습니다. 경동보일러는 이후 다양한 버전의 '여보, 아버님 댁에 보일러 놓아드려야겠어요' 광고를 선보였고 30여 년이 지난 지금까지 수많은 패러디가 쏟아지며 성공적인 스토리텔링으로 평가받고 있습니다.

경동보일러는 현대식 보일러의 보급이 미진했던 농촌과 그 농촌에 거주하는 부모 세대를 잘 관찰한 후, 한국인 특유의 감성이자 정서인 효심을 끌어냈습니다. 그리고 실질적 매출 증대와 고객 감동이라는 두 마리의 토끼를 잡았습니다. 보일러라는 매개를 통해 효도라는 감성을 전달할 수 있다는 메시지를 잘 녹여낸 것이지요.

04

이미지와 인지도 차용하기

×

어떤 시장에 후발 주자로 참여했을 때, 단기간에 해당 상품·서비스·브랜드를 고객들에게 인지시킨다는 것은 정말 어렵습니다. 선발 주자들에 비해 몇 배의 노력과 시간이 소요되기 마련이지요.

새로 나온 상품·서비스·브랜드를 짧은 기간 내에 널리 알려야 한다면 이미 알려진 다른 산업 또는 서비스 카테고리의 상품 이름, 즉 타 브랜드의 이미지를 차용해 오는 방법이 있습니다. 계약에 의한 제휴나 컬래버레이션collaboration에 의해 성립되지요. '익히 알려진 A라는 브랜드의 정신과 품질을 계승하거나 공유하는 B'와 같은 형태로 고객에게 메시지를 전달함으로써, B를 단기간 내에 A 수준의 인지도로 끌어올릴 수 있습니다.

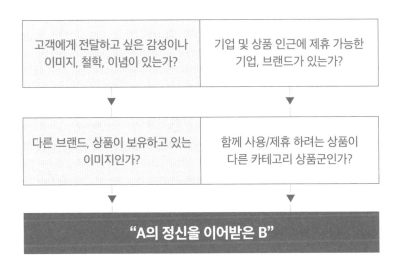

고객에게 전달하고 싶은 감성이나 이미지, 철학, 이념이 있는가?	기업 및 상품 인근에 제휴 가능한 기업, 브랜드가 있는가?
다른 브랜드, 상품이 보유하고 있는 이미지인가?	함께 사용/제휴 하려는 상품이 다른 카테고리 상품군인가?

"A의 정신을 이어받은 B"

여기서 이야기하는 타 브랜드, 타 상품의 이미지 차용하기는 인플루언서 마케팅과 다릅니다. 단순히 인지도가 높은 유명 연예인을 광고 모델로 기용하거나 일시적인 상품, 서비스 이름에 유명인사의 사진이나 이름을 함께 쓰는 인플루언서 마케팅과는 구별할 필요가 있습니다. 이미지를 차용할 때는 마치 차용하려는 브랜드에서 신규 사업을 직접 시작하는 것으로 착각할 정도로 자연스러운 컬래버레이션의 형식을 빌려 진행하는 것이 일반적이고, 이렇게 활용할 때 효과가 높을 수 있습니다.

최근 의류 패션 산업에서는 컬래버레이션의 경계를 넘어 전혀 다른 사업군의 라이선스만을 계약에 의해 가져와 자신들의 것으로 만들어 성공하는 사례가 늘고 있습니다. 조금은 낯설고 이질적으로 보일 법한 일이지만, 갖가지 산업과 서비스가 합종연횡하는 현대 사회에서 고객들은 그런 낯선 이미지를 소비하는 것에도 이미 익숙해져 있으므로 문제가 없습니다.

품질은 자신 있지만 브랜드의 인지도를 끌어올릴 자신이 없는 후발 주자라면, 처음부터 '이미지와 인지도 차용하기'의 스토리텔링을 전제로 사업을 추진하는 것도 깊게 고려해 보기를 권장합니다. 주요 브랜드와의 협상과 계약에 적지 않은 비용이 소요되겠지만 그만큼 시간과 노력을 단축할 수 있는 장점이 있습니다.

수제맥주 붐을 일으킨 곰표 맥주

2020년 5월, 맥주 제조사 세븐브로이는 대한제분과 상표권 계약을 맺고 '곰표 맥주'라는 다소 생소한 조합의 맥주를 출시했습니다. CU편의점을 통해 판매한 곰표 맥주는 밀가루 브랜드로 알려진 대한제분의 '곰표 밀가루' 포장재 색감과 이미지 그대로를 맥주의 캔 디자인에 투영해 컬래버레이션을 부각했습니다. 그리고 단시간에 5,000만 캔 이상을 팔아치우며 맥주 업계에 일대 파란을 불러일으켰지요.

내용물 역시 밀맥주였다는 점에서 세븐브로이 맥주의 밀가루 제조사 대한제분의 곰표 이미지 차용은 실로 절묘한 컬래버레이션이었습니다. 2003년에 창업한 세븐브로이는 오랜 역사를 지닌 맥주 생산 기업이긴 했지만, 대기업들 사이에서 고전하고 있었습니다. 곰표 밀맥주의 탄생은 대한제분에게 혁신적인 인지도 상승을 가져다주고, 세븐브로이에게 맥주의 맛과 품질을 알릴 수 있는 일석이조의 기회였습니다. CU편의점에서는 곰표 맥주의 품귀 현상이 빚어졌습니다. 초도 물량 10만 개가 사흘 만에 완판되는 진기록을 세웠지요. 밀맥주 특유의 과일향과 깔끔한 맛에 대한 호평도 이어졌습니다.

곰표 맥주의 성공에 고무된 각 기업의 마케팅 담당자들은 이 기회를 놓칠세라 맥주 제조사들과 활발한 협업을 벌였습니다. '말표 흑맥주', '백양BYC 비엔나 라거', '금성맥주', '유동골뱅이 맥주', '쥬시후레쉬 맥주', '진라거', '불닭망고에일', '2080이공팔공맥주' 등등 이종 산업의 브랜드와 협업하는 맥주가 쏟아졌습니다. 고객의 선택권이 넓어진 측면에서 환영할 일이긴 했지만 다소 과열 양상을 보이고 있습니다. 그만큼 곰표 밀맥주의 파급력과 시사점이 컸다는 것을 증명하는 결과이기도 합니다.

갑작스런 성공의 자연스러운 결말일지는 모르겠지만, 대한제분에서는 세븐브로이와의 컬래버레이션 제품에 대한 상표권 계약 기간이 종료되자 재계약을 거절했습니다. 다양한 가능성을 확인한 대한제분이 맥주 제조사를 경쟁 입찰해 독자적인 길을 가기로 한 것입니다.

비록 곰표 밀맥주 출시 3년 만에 아름다웠던 동행은 끝이 났지만, 대한제분과 세븐브로이의 협업은 '이미지와 인지도 차용하기'를 통해 화제를 모으고 또 단기간에 성공할 수 있다는 것을 보여준 모범적인 사례라고 할 수 있습니다.

CNN과 코닥을 입는다

디스커버리Discovery, 내셔널지오그래픽National Geographic, CNN, BBC, 코닥Kodak, 팬암PANAM. 이 브랜드들은 유명 다큐멘터리 방송채널, 뉴스채널, 필름 및 카메라 제조사, 항공사의 이름입니다. 그런데 근래 이 브랜드들의 로고가 새겨진 의류를 입고 다니는 모습을 부쩍 많이 발견할 수 있습니다. 이 브랜드들은 각 분야에서 두각을 나타낸 해외의 전문 브랜드이기도 하지만 'K라이선스 패션 브랜드' 즉, 한국 의류 기업에서 라이선스만을 들여와 패션에 접목한 국내 의류 브랜드입니다.

최근 들어 국내 패션 기업들 사이에선 패션과 아무 관련이 없는 로고 라이선스를 들여온 후 개성 있는 디자인의 의류와 접목해 패션 브랜드로 재탄생시키는 사업이 유행처럼 번지고 있습니다. 최초 아웃도어 방송 채널인 디스커버리와 내셔널지오그래픽을 국내에 아웃도어 의류 브랜드로 들여와 성공한 것이 큰 자극이 됐겠지요. 의류 업계에서는 이를 벤치마킹하여 점차 브랜드 차용 대상과 범위를 확장하고 있습니다.

물론 이전에도 해외 브랜드를 국내 패션 브랜드로 들여와 성공한 사례는 있었습니다. 원래는 미국 야구리그인 MLB 역시 국내 패션 업체에서 들여온 라이선스 브랜드였습니다. NBA(미국 농구리그), PGA TOUR & LPGA(미국 프로골프투어), 빌보드스타일Billboard Style도 한국 패션계가 라이선스를 도입한 사례입니다.

다른 나라보다 한국 업체들이 유독 이런 해외 유명 라이선스의 차용에 적극적인 이유가 있지요. 품질과 디자인에 자신 있는 기업이 국내외에 자사 제품을 단기간에 알리고 판매하는 데 '라이선스 도입에 의한 이미지 차용'보다 효과적인 방법이 없기 때문입니다.

ⒸCNN APPAREL(cnn-apparel.com)

그러나 아무리 인지도 높은 브랜드를 들여온다고 하더라도 브랜드에 맞는 디자인 정체성과 품질을 확보하지 못한다면, 지속적인 성공은 어렵다는 점을 잊어서는 안 됩니다. 차용하는 브랜드의 높은 인지도만 믿고 제품 경쟁력을 살리지 못한다면 일시적인 호가호위로 인식될 뿐 아니라 최초 브랜드를 제공한 기업에도 회복하지 못할 이미지 손상을 입힐 수 있기 때문입니다. '이미지와 인지도 차용하기'를 사용하기 전에 어떤 성격, 이미지의 브랜드를 들여올지 매우 신중하게 검토해야 합니다. 물론 두 브랜드의 상호 시너지에 대한 사전 시뮬레이션도 철저히 해야겠지요?

05

성공한 산업, 상품 서비스와 엮기

출시를 앞둔 상품, 서비스에 대해 과연 어떤 콘셉트로 고객들에게 그 필요성을 이해시키고 설득해야 할지 결정하는 일은 모든 비즈니스 종사자들에게 큰 숙제입니다. 아무리 우수한 품질과 최고의 서비스를 만들어냈다 하더라도 고객들이 편하게 접해볼 수 있는 물꼬를 트지 못한다면 의미가 없습니다. 이 경우 시간이 지남에 따라 하나의 섬처럼 고립되는가 하면, 서서히 시들어가는 식물처럼 고사할 위기에 처하기도 합니다.

'이미지와 인지도 차용하기'와는 다른 결이지만, 출시 상품을 단기간에 일정 수준의 좋은 이미지와 높은 인지도의 제품으로 포지셔닝할 수 있는 방법이 있습니다. 바로 신뢰할 수 있는 공인 기관 또는 업체로부터 인증 또는 직간접적인 보증을 받는 방법입니다.

이 방법은 '신뢰할 수 있는 기관, 기업 A로부터 보증(인증)을 받

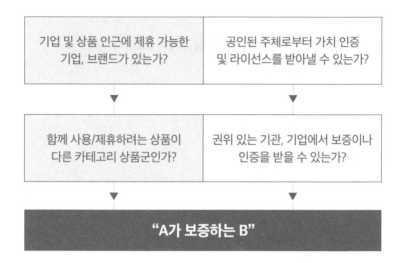

은 B'라는 형식으로 정의 가능합니다. 독립적인 브랜드를 가지고 신뢰 높은 기관이나 기업의 보증을 받는다는 점에서, 지명도 높은 다른 브랜드를 그대로 빌려와 사용하는 이미지 차용하기와 구분된 다고 할 수 있습니다.

고객의 관심에 대해 갈증을 느끼는 마케터라면 인증이나 보증 을 얻어낼 수 있는 공신력 있는 연관 산업의 정부 부처나 유관 기관, 기업들이 있는지 돌아볼 필요가 있습니다. 주변에 이미 고객들로부 터 신뢰를 받는 기관이나 기업이 존재한다면 해당 고객을 내 고객 으로 흘러들게 만드는 물꼬 틀기를 추진해 보는 것이지요.

동일한 산업군 내 인증을 해 줄 기관이나 기업이 있다면 더없이 좋습니다. 하지만 그렇지 못한 전혀 다른 산업군의 기관이나 기업이라도 괜찮습니다. 서로 연계 가능한 접점이 있으면 보증을 받아내고 그 보증을 중심으로 스토리를 엮어내 고객과 소통하는 것이 가능합니다. 이때 고객의 입장에서 서로 유연하게 엮인 것처럼 보이게 하는 것이 바로 스토리텔링의 역할이라 할 수 있지요.

영국 왕실의 인증마크를 획득한 버버리Burberry

특유의 체크무늬 안감과 말을 탄 기사의 로고가 돋보이는 명품 브랜드 버버리는 1856년 영국에서 설립됐습니다. 비가 많이 내리는 영국 날씨에 특화된 개버딘Gabardine이라는 특수 소재를 발명하며 만들어졌지요. 북극 탐험, 열기구 횡단 여행, 험지 항해 등에서 버버리의 기능성 옷이 사용되면서 유명세를 탔습니다. 1차 세계대전이 발발했을 때는 군용 트렌치코트를 디자인해 납품했는데 뛰어난 방수 성능으로 전 세계적인 명성을 얻기도 했습니다.

버버리가 처음부터 명품 이미지는 아니었습니다. 버버리가 전통적인 기능성 의류 브랜드에서 명실공히 명품 브랜드로 인증을 받게 된 계기가 있었으니 바로 1955년 영국 엘리자베스 2세 여왕으로부터 왕실 인증마크를 수여 받은 것이었습니다.

영국 왕실의 인증마크 로열 워런트Royal Warrant는 영국 왕실에 최소 5년 이상 제품과 서비스를 공급한 업체들을 대상으로 평가해 우수

©버버리(burberryplc.com)

성이 인정될 경우 부여하는 것으로 'By Appointment to'라는 수식어와 함께 왕비Queen, 에딘버러공Duke of Edinburgh, 왕자Prince of Wales의 세 등급으로 나눠 수여됩니다. 이 중 가장 권위 있는 인증마크는 아무래도 왕비가 하사하는 퀸 로열 워런트Queen Royal Warrant 이지요.

어떤 등급이든 영국 왕실이 인정하는 로열 워런트의 제품이라면 곧 영국 왕실의 지위와 기품을 공유하는 명품으로 공표됩니다. 전쟁터에서 그리고 험지에서 사용되던 기능성 의류 버버리는 영국 왕실의 로열 워런트 3종을 모두 수여받았습니다. 로열 워런트 3종을 받은 의류 브랜드로는 닥스DAKS, 바버Barbour 등이 있는데 전 세계에서 극소수만이 존재하지요.

영국 왕실은 아직까지 왕가의 전통이 남아 있는 몇 안 되는 국가 중에서도 최고의 권위와 재산을 보유하고 있습니다. 의류와 도자기에서부터 전자 제품에 이르기까지 수많은 업체가 영국 왕실의 로열 워런트를 받기 위해 줄을 서고 있지요. 그 이유는 바로 영국 왕실이 오랜 세월 동안 세워 놓은 이미지, 즉 최고 중의 최고만을 쓰는 영국 왕가의 이야기를 자기 것으로 차용하여 명품의 이미지로 스토리텔링 할 수 있기 때문입니다.

나사가 인정하는 매트리스 기술력, 템퍼Tempur

현대의 최첨단 과학기술이 집약된 사업을 한 가지만 이야기하자면 단연 '우주항공산업'을 들 수 있습니다. 미지의 세계인 우주로 위성과 사람을 오차 없이 쏘아 올리는 이벤트에는 신소재, 로켓기술, AI, 통신 등 당대 최고의 기술과 과학이 동원될 수밖에 없기 때문입니다. 미국의 항공우주국 나사NASA는 그런 우주항공산업에 있어서 단연 세계 최고의 기술력과 자원을 가진 집단입니다.

미국 텍사스에 자리 잡은 나사는 우주선을 발사하고 관리하는 여러 곳의 센터를 지원하는 각종 연구소를 운영하고 있습니다. 천문학적인 예산을 사용하는 곳인 만큼 거대한 발사체와 비행 로켓, 인공위성에서부터 우주인이 무중력 상태에서 먹고 자는 생활양식에 이르기까지 어쩌면 사소하지만 중요한 연구들을 오랫동안 폭넓게 진행하고 있습니다.

가끔은 나사에서 우주인의 일상생활을 위해 개발한 음식과 약품, 화장품, 공기청정기 같은 제품이 상용화되기도 합니다. 나사가 처음부터 상업적인 목적을 가지고 개발을 시작한 것은 아니었지만, 최첨단의 기술력과 연구를 바탕으로 산출된 제품은 전 세계 일반 대중에게 무한한 신뢰를 주지요. 나사가 선을 보인 제품은 으레 '첨단', '믿을 수 있는', '과학적'이라는 수식어가 붙습니다.

나사의 진보된 기술력 이미지를 잘 활용하고 있는 기업으로는 매트리스 브랜드 템퍼가 있습니다. 템퍼는 놀랍게도 나사가 있는 미국에 본사를 둔 기업이 아니라 스웨덴 기업입니다. 하지만 템퍼는 1991년 매트리스를 출시할 때부터 '나사'가 발명한 재료로 매트리스를 만들었다는 점을 앞세워 홍보했지요.

템퍼의 설립자는 자신들이 만든 매트리스의 메모리폼이 나사가 개발한 첨단 흡수 소재 기술의 결정체임을 강조했습니다. 무중력 상태에서 약해질 수 있는 우주 비행사들의 척추와 등을 보호하기 위해 개발이 되었다고 말이지요. 템퍼는 출시 5년 후인 1996년 나사의 공식적인 '우주기술인증서Certified Technology'까지 획득해 공신력을 더했습니다.

템퍼는 사용료를 지급하며 나사의 로고가 표기된 인증마크를 전 제품에 부착하고 있습니다. 템퍼의 창업 스토리가 나사의 연구 결과물에서 시작되긴 했다지만 굳이 인증서 비용까지 들여가며 홍보의 전면에 내세우는 이유는 무엇일까요? 다분히 나사가 상징하는 그 이미지를 스토리텔링 마케팅을 통해 입기 위한 것임을 알 수 있습니다.

템퍼에서 판매하는 매트리스와 베개는 유사한 소재와 기능의 다른 매트리스에 비해 고가의 제품으로 포지셔닝 되어 있습니다. 그리고 수천억 원이 소요되는 우주비행사들이 독점적으로 체험하는 특별한 소재의 잠자리를 템퍼의 고객이 되면 누릴 수 있다고 강조하지요.

사실 고객들은 템퍼의 매트리스에 적용된 나사의 기술이 정확히 무엇이며 다른 제품들에 비해서 인체에 얼마나 더 유익한 것인지 잘 알지 못합니다. 그리고 템퍼 또한 그것을 정확하게 공개하고 있지도 않습니다. 그렇지만 고객은 템퍼의 기술이 나사에서 개발된 것이고 인증서를 받았다는 이야기만으로 지구상의 다른 어떤 매트리스보다 최첨단 기술이 집약된 고품질의 매트리스라는 인식을 하게 됩니다. '최첨단 나사 이미지 입기 전략'을 통해 템퍼는 프리미엄 매트리스라는 확고한 지위를 점유함은 물론이고, 타 상품과 차별화하면서 높은 가격을 받을 수 있게 된 것입니다.

템퍼는 그 제조 비법을 아는 사람이 내부에도 10명 미만에 불과하다는 둥 신비주의로 매트리스를 포장하기도 합니다. 템퍼의 스토리텔링은 인류의 우주로 나아가고자 하는 꿈이 멈추지 않는 한, 나사의 성장과 더불어 지속될 것입니다.

최근 생활필수품인 매트리스 시장은 경쟁이 가속화되고 있습니다. '5성급의 어디 호텔에서 사용하는 것'이라거나 '유명 리조트 그룹에서 인증 받은 것'이라는 마케팅 문구를 사용하는 브랜드들을 볼 수 있습니다. 이것 또한 템퍼의 나사 입기와 마찬가지로 성공한 럭셔리 산업의 '프리미엄 이미지 입기'를 통해 고객의 감성을 그것과 동일한 수준으로 끌어올리려는 스토리텔링 마케팅 전략의 일환이지요.

06

문화 콘텐츠와 결합시켜 묻어가기

외식하다 보면 'TV에 나온 집'임을 강조하는 음식점들이 꽤 많습니다. 식당뿐 아니라 병원, 호텔, 관광지도 한결같이 지상파 콘텐츠에 노출되었던 경험을 앞다퉈 훈장처럼 내겁니다. 사람들이 그만큼 방송, 특히 지상파 TV 프로그램에 나왔던 식당에 무한한 신뢰를 보이기 때문입니다.

고객 입장에서는 지상파 방송 콘텐츠에 소개되었다는 것만으로도 방송국에서 1차 검증을 거친 것이라 여길 수 있습니다. 또 방송에 등장하는 식당의 주인이나 병원 원장의 모습에서 신뢰를 느꼈기 때문일 수도 있습니다. 이유야 다양하지만 어쨌든 TV 프로그램에 등장했다는 것만으로 고객의 선택 기준이 바뀔 수 있다면 방송이나 문화 콘텐츠를 적극적으로 활용하는 것도 방법이지요.

TV 프로그램에 노출되었다는 것만으로도 공인된 콘텐츠라는 고객에게 전달하고 싶은 감성이나 이미지, 철학, 이념이 있는가?

▼

문화 콘텐츠가 전달 가능한 감성 또는 이미지인가?

▼

"A(문화콘텐츠)와 밀접하게 결합되어 있는 B"

이미지를 입을 수 있습니다. 또 이런 콘텐츠가 소개되는 채널은 전
문적으로 해당 콘텐츠를 소개하는 TV의 교양, 예능 프로그램에만
국한되지 않지요. 영화나 드라마의 배경이 되거나 극 중에서 주인
공이 방문하는 장소 또한 영화, 드라마의 인기에 힘입어 문전성시
를 이루곤 합니다. 이것은 국내외를 막론하고 나타나는 현상입니
다. 영화, 드라마와 같은 문화 콘텐츠에 노출되거나 반대로 그런 문
화 콘텐츠를 브랜드나 상품, 서비스에 녹여 연출할 경우 파장이 크
고 광고 효과가 오랫동안 지속될 수 있습니다.

영상 콘텐츠를 떠나 소설이나 음악 등 다양한 장르로의 적용도
가능합니다. 그것이 글과 소리일 경우 오히려 저마다의 상상력과
결합하면서 감성마케팅의 깊이가 더 깊어질 수 있지요. 명작 스테

디셀러 소설과 상품이 결합한다면 그 작품의 지속성만큼이나 이미지 입기도 지속되는 부가효과를 거둘 수 있습니다.

나아가 문화 콘텐츠와 연결된 스토리텔링은 때로 유명 배우나 작가, 뮤지션, 스포츠 스타의 등장만으로도 그 효과를 빌려올 수 있습니다. 흥행에 성공한 영화의 주연 배우, 큰 스포츠 리그에서 우승의 영광을 한 몸에 받은 스포츠 스타를 등장시키면 영화와 스포츠 경기를 거론하지 않더라도 그 열기와 영광을 그대로 차용할 수 있는 것이지요.

단 영화 흥행과 스포츠 경기 우승의 열기가 식기 전에 빠르게 도입해야 효과가 크다는 점을 염두에 두어야 합니다. 이때 스포츠나 문화 콘텐츠 스타의 몸값이 경기장이나 스크린 외에서도 최절정에 이르는 이유가 당연하게도 여기에 있습니다.

헤밍웨이를 입은 도시 아바나 Havana

쿠바는 낯설지만 많은 여행자가 한 번쯤 가보고 싶어 하는 나라입니다. 쿠바에서도 '아름다운 심장'이라 불리는 도시 아바나는 정치, 경제의 수도이기도 하면서 관광산업과 문화의 중심지이지요. 쿠바에는 정치지도자 피델 카스트로Fidel Castro 외에도 빼놓을 수 없는 유명인사 두 사람이 있습니다. 바로 체게바라Che Guevara와 어니스트 헤밍웨이Ernest Miller Hemingway 입니다. 두 사람 모두 외국 태생이지만 쿠바의 관광사업에서 그 영향력은 실로 막강합니다. 일찍 작고한 체게 바라와 함께 헤밍웨이가 현재의 아바나를 먹여 살리고 있다는 말이 있을 정도이지요.

헤밍웨이는《무기여 잘 있거라》,《누구를 위하여 종은 울리나》,《노인과 바다》와 같은 명작으로 노벨 문학상과 퓰리처상까지 수상했습니다. 그는 미국인이었지만 누구보다 쿠바를 사랑한 사람이었습니다. 여행을 즐겼던 것으로 알려진 헤밍웨이는 유독 쿠바에서 농장까지 사들이며 오랫동안 정착해 머물렀고, 쿠바의 해변에서 소설《노인과 바다》의 영감을 얻었다고 합니다. 술과 낚시, 사람을 좋아했던 그는 쿠바 곳곳에 많은 흔적과 추억을 남겼습니다.

헤밍웨이가 7년 동안 머물렀던 문도스 호텔Ambos Mundos Hotel, 노인과 바다의 영감을 준 코히마르Cojimar 해변, 그가 자주 찾아 쿠바 음악을 즐겼다는 레스토랑 라 테라사La Terraza 등 지금도 그의 자취가 고스란히 남아 있습니다. 헤밍웨이가 떠나간 지 60년이 넘었지만, 아직도 흔적을 쫓아 아바나를 찾는 여행객의 발길이 이어지고 있지요.

모히토Mojito와 다이키리Daiquiri는 헤밍웨이에 의해 유명해진 칵테일입니다. 헤밍웨이는 다이키리를 좋아해 단골 술집으로 알려진 엘 플로리디타El Floridita에서 연달아 13잔을 들이켰다고 합니다. 그래서 이곳에 가면 헤밍웨이의 실물 크기 동상이 손님을 맞이합니다. 그리고 모든 벽면에 빼곡하게 헤밍웨이의 사진이 도배되어 있습니다. 이곳은 다이키리의 요람으로 불리기도 하고, '다이키리 파파 헤밍웨이'라는 시그니처 메뉴가 으뜸으로 팔리는 덕을 보고 있지요.

아바나의 다른 술집인 보데기타La Bodeguita del Medio라는 곳에 가면 '나의 모히토는 보데기타, 나의 다이키리는 엘 플로리디타'라는 문구와 함께 헤밍웨이의 서명이 적힌 액자가 걸려있습니다. 술을 좋아했던 헤밍웨이가 그의 단골집으로 보데기타와 엘 플로리디타를 각각 꼽고 있다는 말이었는데 훗날 보데기타의 주인이 폭로하길 헤밍웨이가 보데기타를 방문한 적은 없다고 하지요. 해당 문장은 한 언론인이 꾸며 낸 이야기로 알려졌지만, 헤밍웨이가 직접 쓴 것처럼 만들어진 그 액자는 여전히 보데기타에 걸려있고 헤밍웨이를 쫓는 관광객들은 잘못된 정보인 줄도 모르고 보데기타에서 줄을 섭니다.

대문호 헤밍웨이를 활용한 스토리텔링 마케팅은 쿠바의 아바나에서만 있는 일은 아닙니다. 파리의 리츠호텔에 가면 '헤밍웨이 바'라고 불리는 곳이 있습니다. 헤밍웨이 바에서는 헤밍웨이가 즐겨 마셨다는 마티니를 팔고 내부 인테리어는 헤밍웨이의 사진들로 꾸며놓았지요. 헤밍웨이, 그리고 그의 작품들과 인연이 있는 곳은 오랜 시간이 지났어도 여전히 그를 통한 스토리텔링 마케팅으로 특수를 누리고 있습니다. 그리고 헤밍웨이 작품의 인기처럼 그 열기로 가득한 이야기는 앞으로도 영원히 끝나지 않을 것처럼 보입니다.

유명인사가 머물렀던 장소의 추억을 소환해 관광이나 산업에 활용한 것이 아바나의 사례였다면 소설 같은 문학작품이나 영화, 뮤지컬, 노래 등에 등장하는 배경으로 소개되어 명성을 얻고 마케팅에 활용된 장소들도 많이 있습니다. 성공 사례들을 살펴보면 단순히 작품 속에 등장하는 배경이나 소재가 되었다는 것 말고도 지

자체와 기업들이 그것을 적극적으로 활용해 스토리를 가공하고 재생산해 낸 노력의 결실이었다는 공통점을 찾아볼 수 있지요.

문화 콘텐츠와의 결합으로 효과를 보는 것은 비단 관광업과 연계된 지역만이 아닙니다. 드라마나 영화에 등장하는 먹거리, 자동차, 스마트 기기 등도 유사한 효과를 보고 있지요. 우리는 이미 이것들을 PPLProduct Placement이라 부르며 의도적으로 끼워 넣기를 통해 마케팅에 활용하고 있습니다. 많은 명품 브랜드가 영화배우나 모델, 가수 등 세계적인 인물과 스폰서 계약을 맺고 금전적인 대가와 함께 제품을 공급하는 것도 바로 이러한 '문화 콘텐츠와 엮기'의 일환이라 할 수 있습니다.

MZ세대를 사로잡는 케이팝 굿즈와 컬래버레이션

'굿즈Goods'라는 말의 사전적 의미는 상품 또는 제품입니다. 하지만 현대에 와서 굿즈란 엔터테인먼트 사업에서 부가적으로 만들어 내는 콘텐츠 결합의 소품을 지칭하는 말로 통용되고 있습니다. 예전에는 굿즈도 콘텐츠나 연예인을 홍보하기 위한 판촉기념물 수준이 전부였습니다. 이제는 하나의 산업으로 성장해 다양한 분야에서 상품으로 제작되어 판매되고 있지요. 특히 케이팝 아이돌과 한국 영화, 한국 드라마의 세계적인 인기에 편승해 굿즈 시장은 MZ세대 고객을 중심으로 규모가 확장되고 있습니다.

케이팝 굿즈는 앨범, 브로마이드, 사진, 응원도구, 문구, 키링, 쿠션 등과 같은 케이팝 뮤지션의 모습과 이미지가 들어간 소품과 액세서리에서 시작해 의류, 음료, 가전 제품 등 전 산업 분야로 확대되어 가는 추세입니다. 유통 경로 또한 전문 팬샵에서부터 마트와 같은 일반 유통매장으로까지 확대되고 있습니다.

케이팝 아이돌이든 애니메이션에 등장하는 캐릭터든 그 자체가 브랜드가 되는 시대가 왔습니다. 즉 케이팝 아이돌 연예인과 한국의 콘텐츠 자체가 하나의 브랜드가 되고, 그런 브랜드로 출시되는 상품이 콘텐츠 프리미엄을 입어 고가에 팔리고 있습니다. 굿즈 사업은 이제 단순히 인기 연예인의 이름을 잠시 빌려 팬들을 대상으로 수익을 끌어내는 반짝 이벤트가 아니라 품질까지 중요시해야 하는 하나의 산업으로 발전한 것이죠. 무턱대고 비싼 것이 아니라 이제는 케이팝 연예인의 명성에 누가 되지 않도록 고품질의 제품을 내놓는 것 또한 거스를 수 없는 트렌드입니다.

굿즈 산업이 급성장함에 따라 이종 산업에서 케이팝 엔터테인먼트 브랜드와 컬래버레이션을 하려는 시도도 확대되어 가고 있습니다. 굿즈에 열광하는 팬심과 일반인들의 선호를 동시에 끌어내려는 것이지요. 굿즈의 범위는 문화콘텐츠 주체의 브랜드 상품에서 그치지 않고 그런 대상들과 컬래버레이션하는 상품과 서비스로까지 의미가 확대되고 있습니다.

굿즈의 생산 및 공급 주체가 이전에는 케이팝 아이돌과 기획사였습니다. 하지만 이제는 그런 인플루언서의 이미지를 신생 또는 유명 브랜드들로 옮겨가는 새로운 방식이 생겼습니다. 세계의 명품 브랜드들이 저마다 엠버서더Ambassador라 불리는 자사 브랜드의 홍보 대사를 임명하고 있지요. 엠버서더에게 제품을 공급하는가 하면 금전적인 대가를 지불하는 것도 이러한 확대된 굿즈의 개념을 가져와 홍보하려는 시도입니다.

시장을 확대하려 하거나 신규로 시장에 진입하는 기업의 경우 단시간 내에 인지도를 올리고 이미지 스토리텔링을 하려 한다면 고려해볼 만한 방법입니다. 확대된 굿즈의 개념을 도입해 케이팝 스타나 K콘텐츠와 컬래버레이션 상품을 내보는 것도 하나의 방법이라는 말이지요.

높은 라이선스 비용 때문에 유명인과 컬래버레이션은 불가능하다고 토로할 필요가 없습니다. 유명하지 않은 스타와 콘텐츠를 발굴하고 초기부터 협업을 진행해 서로가 각자의 모습을 응원하며 성장해 간다면 그 어떤 스토리보다 더 감동적이고 살아있는 스토리텔링이 될 수 있기 때문입니다.

07

생산자 소개를 통한 연결감 형성하기

우리는 유명 관광지를 방문하거나 시장, 백화점에 가게 되면 '수제품' 또는 '직접 만든'이라는 문구를 내건 상점을 만납니다. 공정상에서 얼마만큼 수작업이 들어간 것을 일컫는지에 대한 논란은 있겠지만, 수제품이라는 것은 곧 판매자와 생산자가 같다는 의미로도 해석할 수 있지요. 사람들은 왜 수제품에 좀 더 특별한 의미를 부여하고 더 높은 대가를 지불하고도 만족하며 구입하는 것일까요?

우리는 이런 심리를 활용하는 기법을 스토리텔링에 의해 연결감을 형성하는 마케팅이라 불러보려 합니다. 'A가 만드는 B'라는 형식 아래 생산자 A가 누구인지 밝힘으로써 사람들이 제품 B를 더 신뢰하고 실제보다 높은 가치를 부여할 수 있도록 말이지요.

> 원재료 또는 완성품의 개발 주체를 특정할 수 있는 아이템인가?

▼

> 고객에게 공급주체를 공개하는 것이 가능한가?

▼

"A가 만드는 B"

미국에서 소비자 패널을 대상으로 연구한 결과에 따르면 소비자들은 일상에서 디지털화, 현대화, 국제화의 영향이 커질수록 더 큰 감정적 연결감을 원하는 것으로 나타났다고 합니다. 현대화로 인한 사회적 고립과 정서적 메마름이 이에 대한 갈증을 부른 것입니다. 코로나19의 상황이 감정적 연결감에 대한 이런 갈증을 더욱 부추겼겠지요.

현대인들은 자신이 소비하는 물건에 대해서 누가 만든 것인지, 어디에서 온 것인지, 또 언제 만들어진 것인지를 궁금해하고 그것이 해소되었을 때 그 물건에 대해 좀 더 깊은 신뢰를 하게 됩니다. 친근감을 느낄 뿐 아니라 보이지 않는 연대감이 형성되었다고 느껴 적극적인 소비 태도로도 이어지지요.

수제품을 선호하는 것도 물건이 만들어진 장소, 사람에 대한 불안감이 즉시 해소되면서 강한 연결감이 형성되기 때문입니다. 유통 경로가 명확하지 않은 공장에서 찍어낸 물건 대비, 손으로 만든 제품에 대해서는 그 특별한 가치까지 덤으로 지불할 의사가 생긴 겁니다. 수제품 마케팅에서처럼 만든 이를 앞세우는 연결감 마케팅은 현대의 비대면화가 심화되면 심화될수록 그 효과는 깊어지고 적용할 분야와 기법 또한 더 넓어져 갈 것으로 예상됩니다.

농민을 앞세운 네이버 산지 직송

현재 연결감 마케팅이 가장 활발하게 적용되고 있는 분야는 농수산물 유통입니다. 농수산물 이력제와 별개로 소비자들은 자신들이 소비하는 농수산물이 어디에서 어떤 사람에 의해 재배 또는 채취되었는지 궁금해합니다. 그리고 자신의 이름을 내건 농민과 어민에게서 직접 구매하는 것을 선호하지요. 산지의 밭과 항구에 가서 직접 구매하지는 못 하더라도, 현지 생산자에 대한 정보를 알게 되면 마치 직접 그와 거래를 하는 것과 같은 효용과 심리적 안정을 얻을 수 있기 때문입니다.

이미 많은 농산물의 포장 상자에는 농산물의 재배지와 농민의 실명, 사진이 표기되고 있습니다. 생산자 정보를 표기하면 고객들에게 연결감을 부여해 신뢰를 주고자 하는 '연결감 형성하기' 스토리텔링이 가능합니다. 이렇게 일반화되고 있는 농수산물의 연결감 마케팅은 고스란히 온라인으로도 옮겨지고 있습니다. 그중 한 사례가 네이버 쇼핑의 산지 직송 서비스입니다.

네이버 산지 직송이 다른 온라인 쇼핑몰의 농수산물 판매 방식과 다른 점이 있다면 개별 상품 리스트의 하단에 생산자인 농민 또는 어민의 이름과 사진이 두드러지게 표기되고 있다는 것입니다. 상품의 상세 설명에는 농어민이 직접 생산물을 재배하고 다듬는 사진들, 유통 과정 소개와 함께 '안녕하세요. ○○에서 ○○를 재배하는 농민 ○○○입니다'라는 생산자 개개인의 소개 글까지 상세히 노출하고 있습니다. 산지와 이름, 사진 하나로 응축되어 전달되던 오프라인에서의 연결감 마케팅이 온라인으로 옮겨지면서 더 구체적이고 가시적인 방법으로 강화된 것이라 할 수 있지요.

소비자들은 생산자에 대한 정보와 생산 과정을 상세한 글, 사진, 동영상으로 전달받으며 마치 직접 산지에 방문해 구매하는 것과 같은 생생함과 친밀감을 느끼게 됩니다. 고객은 이런 입체적이고 사실적인 '연결감'에 만족하며 산지 직송과 같은 온라인 쇼핑에 매료되고 있습니다. 네이버 산지 직송의 이런 연결감 마케팅에 힘입어, 2022년 기준 5,000명이 넘는 전국 각지의 판매자들이 입점했습니다. 가파른 매출과 거래 증가세를 이루고 있습니다. 한번 형성된 연결감은 곧 연대감으로 이어지지요. '제철 음식'을 선호하는 웰빙 트렌드와 맞물리면서 한번 구매 후 다음 해의 제철이 찾아오면 다시 해당 농어민을 찾게 되는 선순환까지 이루어지고 있습니다.

최근에는 SNS 채널을 운영하는 개인들이 산지나 도매점을 방문하여 생산자와 인터뷰하며 방송을 진행하는 라이브 쇼핑이 부쩍 늘고 있지요. 이 역시 산지 직송과 같은 '연결감 형성하기 마케팅'의 일환으로 볼 수 있습니다.

고객에게 말을 거는 크라우드 펀딩Crowd funding

시장에 새로 진입하는 경우 고객들에게 빠르게 우리를 알리는 방법으로 '소셜 펀딩'이라고도 불리는 온라인 크라우드 펀딩을 생각해볼 수 있습니다. 와디즈, 텀블벅, 크라우디, 카카오 메이커스, 유캔스타트, 오픈트레이드와 같은 크라우드 펀딩 플랫폼을 이용할 수도 있고, 금융사나 대행사를 통해서 크라우드 펀딩 참여자를 모집할 수도 있습니다.

크라우드 펀딩은 다소 낯설고 어려울 수 있는 신제품에 대해 자세하게 설명하고 알릴 기회를 줍니다. 새롭고 낯선 상품과 서비스를 소셜 펀딩이라는 참여 유도형 이벤트를 통해 소개하고 펀딩 참여자인 소비자를 '함께 고민하는 우리편'으로 만들 수 있지요. 그래서 크라우드 펀딩은 '연결감 형성하기' 스토리텔링의 한 방법으로 분류할 수 있습니다.

크라우드 펀딩은 다수의 후원자가 프로젝트에 자금을 지원하고 금전적인 투자 수익 대신 상품이나 특별 서비스, 굿즈 등으로 보상을 받는 보상형 펀딩, 후원의 대가 없이 비영리 단체에 일정 금액을 지원하는 기부형 펀딩, 자금을 지원하고 투자금에 비례한 지분을 받는 증권형 펀딩, 투자 수익금을 이자 형태로 돌려받는 대출형 펀딩의 형태로 나눌 수 있습니다. 신상품과 서비스의 경우 주로 보상형 펀딩의 형식으로 고객들에게 선을 보이고 참여를 유도하는 것이 일반적이지요.

크라우드 펀딩 플랫폼에 지속적으로 관심을 갖는 사람들은 트렌드에 민감하고 새로운 것에 관심이 많은 얼리 어답터Early adopter일 경우가 많습니다. 크라우드 펀딩은 그들에게 상세한 상품과 서비스에 대한 스토리를 전달하고 흥미를 끄는 절호의 기회가 될 수 있지요. 얼리 어답터는 또래 집단에서 오피니언 리더이자 인플루언서일 확률이 높으므로, 그들이 일단 관심을 두고 후원이 되었든 체험이 되었든 참여를 하게 된다면 신상품과 서비스에 대한 소문과 정보가 급속히 확대될 가능성이 커집니다.

펀딩은 출시 상품에 대한 고객의 반응을 조기에 받아볼 수 있습니다. 일종의 시장조사 결과까지 함께 수확할 수 있어 일석이조이지요. 크라우드 펀딩은 상품과 서비스를 만드는 주체가 직접 자신과 상품을 소개하면서 고객과 단순한 소비자가 아닌 후원자의 관계를 맺을 수 있습니다. 마케팅을 위한 자금력이 충분하지 않은 사업자라면 크라우드 펀딩을 통해 소비자들에게 먼저 말을 걸어보는 스토리텔링을 진행해보는 것도 한 방법입니다.

문화예술부터 패션, 푸드, 출판, 게임, 테크에 이르기까지
지금 일어나는 가장 새롭고 창조적인 시도들을
텀블벅이 함께 만들어갑니다.

©텀블벅(tumblbug.com)

팀원을 보고 선택하는 포장이사 yes2424

살면서 누구나 한 번 이상은 이사라는 이벤트를 경험합니다. 이사를 한번 하려 치면 이것저것 챙길 것도 많아지고 스트레스가 보통 쌓이는 것이 아닙니다. 이사 업체를 선정할 때부터 어떤 업체를 선택하느냐에 따라 결과가 천차만별입니다. 바가지를 쓰고 안 쓰고의 문제가 발생할 뿐 아니라 소중한 이삿짐이나 집이 파손될 수 있으므로 여간 신경 쓰이는 일이 아닐 수 없지요.

우수한 업체로 정평이 나 있는 업체를 선택해 계약했더라도 일하는 사람들의 실수로 갈등을 겪는 사례를 우리는 너무나 많이 들어왔고 또 경험해 봤습니다. 신뢰도가 높다는 유명 포장이사 업체와 계약해도 마찬가지입니다. 어떤 팀, 어떤 사람들이 내 이삿짐을

맡아 처리할 것인지 모르기 때문에 발생하는 문제들입니다. 이사 소비자들은 늘 이러한 불안을 안고 살아야만 했습니다.

포장이사 전문업체인 KGB에서는 2002년 yes2404예스이사공사, 2005년에는 yes2424예스이사이사라는 포장이사 브랜드를 연달아 출범시키며 이러한 패턴에 변화를 가져왔습니다. yes2424에서는 온라인을 통해 지역별로 포장이사를 담당하는 팀 단위 리스트를 제공하고 각 팀을 구성하는 팀장과 팀원의 실명, 사진을 함께 공개합니다. 또 각 팀을 이용해 본 고객의 피드백을 기반으로 서비스, 브랜드 관리, 교육, 정책이행, 계약률 5개 항목에 각각 5점 척도의 별점을 매겨 각 팀의 신뢰도와 우수성을 공표하고 있습니다.

yes2424에서는 매달 이달의 수상팀, 베스트팀, 명예의 전당 팀을 선정해 포상합니다. 품질 평가 결과에 따라 명예의 전당에 오른 팀은 프리미엄 비용(10만 원)을 더 받을 수 있는 특권이 생기지요. 고객들은 이사하려는 지역의 팀 리스트에서 구성원의 정보와 평가 항목의 점수를 확인한 후 이사 맡길 팀을 선정합니다. 보다 안전하고 확실한 이사를 맡기고 싶다면 추가 비용을 부담하고 명예의 전당에 오른 팀을 선택하면 됩니다.

yes2424의 이런 방식은 고객들이 느꼈던 이사에 대한 불확실성과 불안감을 상당 부분 해소하는 결과를 가져왔고 큰 인기를 끌고 있습니다. 스토리텔링을 통해 효과를 거둘 수 있는 '연결감 형성하기'의 좋은 사례이지요.

08

미디어 노출로
호기심과 구매 욕구 자극하기

✕

　많은 기업이 자사의 상품과 서비스를 알리기 위한 미디어 노출에 큰 비용과 자원을 투입하고 있습니다. 그렇지만 지극히 의도적이고 관행적인 광고와 매체 활용은 고객들에게 감동을 주기 어렵지요. 비슷비슷한 매체와 범람하는 메시지들은 감성적인 호소에 분명 한계가 있고, 점점 그 효과는 반감될 수밖에 없습니다.

　반면 우연한 기회가 있었거나 또는 제품을 홍보하려고 하는 의도가 옅게 제작된 미디어 콘텐츠는 큰 비용을 들이지 않고도 고객들에게 감동과 반향을 불러일으킵니다. 의도적인 노출이든 그렇지 않은 것이든 미디어라는 매체를 통해 노출된 콘텐츠는 고객들의 태도에 변화를 만들어냅니다.

　'A라는 미디어 콘텐츠에 소개된 B'라는 형식으로 이야기해 볼 수 있는 이 스토리텔링 방식은 미디어에 노출하거나 또는 반대로

소설, 영화, 미디어 등 콘텐츠에 노출되었거나
노출을 희망하고 있는가?

▼

미디어 및 콘텐츠 채널에 노출 가능한 아이템인가?

▼

"A(미디어 콘텐츠)에 소개된 B"

미디어에서 얻은 영감을 제품에 반영함으로써 고객의 호기심을 자극하고 나아가 구매 욕구를 불러일으키는 방법입니다.

반대로 미디어를 통해 노출된 콘텐츠를 소홀히 여기지 않고 아이디어를 얻어 제품화하거나 기존 제품에 혁신을 가져오는 것도 생성된 호기심을 수요에 가두는 좋은 방법입니다. 자사의 제품이 개인 SNS를 통해 콘텐츠로 만들어지고 유통되도록 분위기를 조성하는 것 또한 '미디어 노출로 호기심과 구매 욕구 자극하기'의 범주에 해당하는 활동입니다.

의도적인 미디어 노출이라 할지라도 노골적인 상품 홍보에만 치중해서는 안 됩니다. 때로는 고객들이 원하는 또 재미있어하는 콘텐츠가 무엇인지 파악한 후 상품과 서비스가 그것을 자연스럽게 활용할 수 있도록 지켜보고 후원하는 자세가 필요합니다.

이경규 꼬꼬면과 영국남자 불닭볶음면 챌린지

최근 편의점 브랜드 CU가 백종원 대표의 더본코리아와 함께 선보인 '백종원 고기짬뽕' 컵라면이 편의점의 자체 브랜드인 PB상품이었음에도 불구하고 출시 4개월 만에 누적 판매량 300만 개를 돌파해 화제가 됐습니다. 제품 자체의 완성도가 높았기도 했지만, 외식계의 큰손이자 '맛잘알(맛을 잘 아는 사람)'인 '백종원이 만든 라면'이라는 마케팅이 한몫했겠지요.

유명인을 내세워 마케팅에 성공한 제품들은 무수히 많이 있습니다. 그리고 맛에 대해 일가견이 있는 유명인이 제조 과정에까지 참여했다면 성공의 확률은 더욱 높아집니다. 여기서 유명인이 제조와 상품화에 참여한 대표적인 사례 '꼬꼬면'을 떠올려보게 됩니다. 꼬꼬면은 코미디언 이경규가 KBS〈남자의 자격〉이라는 프로그램에서 마련한 예능인들의 라면 요리대회에서 개발해 호평을 받은 요리였습니다.

2011년, 라면 업계 순위 3위에도 들지 못했던 한국야쿠르트에서는 꼬꼬면을 개발한 이경규와 계약을 맺고 야심차게 신제품을 출시했습니다. 빨간 국물 소고기 베이스의 스프가 주종을 이루던 라면 시장에서 꼬꼬면은 닭곰탕 모티브의 하얀 국물 라면으로 선풍적인 인기를 끌게 됩니다. 〈남자의 자격〉이라는 인기 프로그램과 이경규를 앞세워 출시 때까지 호기심을 한껏 끌어올렸고 전에 없던 새로운 맛과 이미지로 성공을 거뒀습니다.

한국야쿠르트는 개발자인 이경규를 꼬꼬면 CF에 투입하며 열기를 이어갔습니다. 출시 2달 만에 2,200만 개가 팔린 꼬꼬면의 품귀 현상이 이어졌고 공급 부족으로 꼬꼬면을 먹어보지 못한 사람들은 꼬꼬면을 더 많이 갈구했지요. 폭발적인 인기에 고무된 한국야쿠르트는 '팔도'라는 별도 법인까지 만들고 대대적인 생산라인을 증설하며 세몰이에 나섰습니다.

그러나 꼬꼬면은 한 해도 되지 않아 인기가 식어버렸습니다. 스토리텔링을 통해 고객의 머릿속에 그려 넣은 이미지는 그리 오래가지 못했습니다. 직접 상품을 접해본 소비자가 하얀 국물 라면은 호기심 그 이상, 그 이하의 것도 아니었다는 사실을 깨닫게 되면서 그 인기가 반감된 것이지요.

스토리텔링으로 부풀린 호기심을 제품이 뛰어넘지 못한 것입니다. 고객의 반응을 보면서 재빨리 상품, 마케팅의 개선점을 찾거나 제2의 스토리텔링을 준비하지 않은 채 초기의 이미지 입기가 영속되리라 생각하다 인기가 가라앉은 케이스라 볼 수 있습니다. 이미지 차용도 탄탄한 고객 조사와 상품 본연의 경쟁력이 지속될 수 있을 때 성공이 유지될 수 있다는 것을 보여줍니다.

이경규의 꼬꼬면 사례와 달리 상품 출시 이후 우연한 기회에 소셜 미디어를 통해 노출되면서 큰 인기몰이에 나선 제품도 있습니다. 550만 명이 넘는 구독자를 보유한 유튜브 채널 〈영국남자〉에서 시작한 '불닭볶음면 먹기 챌린지'가 도화선이 됐습니다. 매운맛에 익숙하지 않은 외국인들의 재미있는 반응을 담아낸 이 실험 영상들에서 매운맛으로 인해 호불호가 엇갈리던 불닭볶음면은 유튜브 콘텐츠를 타고 그야말로 글로벌 대박의 신화를 쓰게 된 것입니다.

제조사인 삼양식품은 80년대 이후 농심에게 라면 업계 1위 자리를 내준 이후 늘 고전을 면치 못하고 있었습니다. 하지만 불닭볶음면으로 독보적인 행보를 보이며 해외에서부터 큰 성공을 거두게 됐지요. 불닭볶음면은 삼양식품 수출의 70% 이상을 차지했고 2022년 2분기 수출액이 1,834억 원으로 분기 최대 수출 실적을 경신하기도 했습니다.

해외 수요가 늘어나자 삼양식품도 가만히 있지 않았습니다. 할랄 식품 인증을 받아 중동 지역 수출에 대비했습니다. 중국 소비자를 겨냥한 '마라 불닭볶음면', 미주를 겨냥한 '하바네로 불닭볶음면'도 출시했습니다. 국내에서도 일시적 챌린지로 끝날 것에 대비해 '치즈 불닭볶음면', '라이트 불닭볶음면', '까르보 불닭볶음면', '짜장 불닭볶음면' 등을 연이어 출시하며 제품 본연의 경쟁력 제고를 위해 치열하게 대응했지요. 우연하게 시작된 반응에 유연하게 대처한 삼양식품의 노력도 눈여겨볼 필요가 있습니다.

꼬꼬면과 불닭볶음면 사례는 제품 출시 전후의 스토리텔링 양상과 영향을 살펴볼 수 있는 귀중한 사례이기도 하지만 제품 본연의 경쟁력과 후속되는 확산의 스토리텔링이 뒷받침될 때 그 성공이

지속될 수 있다는 교훈을 주고 있습니다.

영화 〈기생충〉과 짜파구리 열풍

2019년 개봉한 봉준호 감독의 영화 〈기생충〉은 한국 영화사에 한 획을 긋는 작품이었습니다. 상업적인 흥행도 성공했고 2020년 미국 아카데미 시상식에서 작품상, 감독상, 각본상, 국제장편영화상의 4관왕까지 거머쥐며 명실공히 국제적인 명작으로 인정받았지요. 글로벌 흥행작 〈기생충〉은 다양한 분야에서 화제를 몰고 다녔는데 특히 영화에 등장하는 먹거리가 전 세계 관객들의 눈을 잡아끌었습니다. 극 중 대저택 사모님으로 나오는 연교(조여정)가 충숙(이정은)에게 조리를 주문한 한우 채끝살 짜파구리가 그 주인공입니다.

짜파구리는 농심에서 출시한 '짜파게티'와 '너구리'의 두 라면 제품을 함께 넣어 조리한 것을 일컫는 말로 소비자들이 자체적으로 만들어 전파한 비공식적인 조리법의 하나입니다. 국내 소비자들 사이에서만 암암리에 유통되던 레시피가 대작 영화에 노출됨에 따라 국내외에서 수요가 수직 상승했습니다. 특히 짜파구리에 들어가는 짜파게티는 30년간 국내 라면 매출 1위 자리를 지켜온 신라면의 매출액을 넘보기까지 했지요.

영화 〈기생충〉을 시청한 해외 관객들의 반응이 뜨거워지자 농심에서는 11개 언어로 짜파구리 조리법을 영상 제작해 유튜브에 올리는 등 재빠르게 대응했습니다. 영화를 계기로 짜파게티를 접하게 된 해외의 팬들은 한국 음식의 인기와 더불어 짜파게티의 맛에 빠져들었지요. 영화 〈기생충〉의 성공에 힘입은 짜파게티의 후광 효과는 스토리와 함께 미디어에 노출되었을 때 브랜드, 상품, 서비스가 어떤 파급력까지 가져올 수 있는가를 잘 보여주는 사례입니다.

인기 K드라마 PPL의 단골손님 써브웨이Subway

PPL이란 특정 기업이 협찬을 대가로 영화나 드라마에서 해당 기업의 상품이니 시비스, 브랜드 이미지를 소도구로 끼워 넣는 광고기법입니다. 최근 만들어지는 대작 영화와 드라마들은 천문학적인 제작 비용이 소요되고 있습니다. 제작사는 비용 충당을 위해

PPL을 적극적으로 활용하고 있지요. 예전과 같이 슬쩍 제품을 비추거나 등장인물들이 이용하는 장면을 잠깐 보여주는 것에 그치는 것이 아니라 기획과 시나리오 집필 단계부터 상품과 서비스가 하나의 아이템으로 내용에 녹아 들어가도록 하는 것이 대세로 자리를 잡아가고 있습니다.

영향력이 커지면서 PPL을 적극적으로 활용하려는 기업도 늘고 있습니다. 그중에는 특히 K드라마에 PPL을 집중하며 효과를 보고 있는 글로벌 브랜드가 있지요. 바로 전 세계 104개국에서 3만 7,000여 개 매장을 운영하는 샌드위치 프랜차이즈 써브웨이입니다. 써브웨이는 뉴욕타임즈에서 특집 기사로 다룰 정도로 K드라마의 PPL에 집중하고 있습니다.

한국기업이 아닌 미국의 패스트푸드 프랜차이즈가 유독 K드라마에 PPL을 집중적으로 투입하는 이유는 무엇일까요? 써브웨이가 K드라마를 통해 거둔 효과를 살펴본다면 그 판단은 옳았습니다. 써브웨이는 〈태양의 후예〉(2016), 〈시그널〉(2016), 〈도깨비〉(2017), 〈알함브라 궁전의 추억〉(2019), 〈동네변호사 조들호〉(2019), 〈사랑의 불시착〉(2020), 〈유미의 세포들〉(2022), 〈천원짜리 변호사〉(2022), 〈이번 생도 잘 부탁해〉(2023) 등 주옥같은 한국 인기 드라마 20여 편에 적극적인 PPL로 등장하며 효과를 톡톡히 보고 있지요.

K드라마에 진심으로 공을 들인 덕분에 한국 내에서 써브웨이의 위상은 많이 달라졌습니다. 드라마를 통해 써브웨이의 샌드위치가 건강식 내지는 다이어트식이라는 이미지로 연출되면서 정크푸드라

불리는 패스트푸드와 선을 그을 수 있게 된 것입니다. 즉석에서 조리하는 주문 방법이 다소 낯설어 고객층이 극히 제한될 수밖에 없었던 써브웨이의 약점이 빠르고 오히려 위생적인 건강식이라는 인식으로 바뀌기도 했습니다. 주 타깃도 MZ세대에서 드라마로 써브웨이가 익숙해지면서 한번 먹어보려는 전 연령대로 확장됐습니다.

써브웨이의 성공은 브랜드가 대중이 즐겨보는 미디어에 지속 노출됨으로써 직간접적인 스토리텔링 마케팅의 효과를 거둘 수 있음을 잘 보여줍니다. 짧은 기간 소비되고 사라지는 값비싼 매체 광고와 달리 드라마의 PPL은 작품과 함께 영속적인 효과를 누릴 수 있습니다. 이 점을 생각해 볼 때 써브웨이의 스토리텔링 전략은 중장기적인 안목을 반영한 탁월한 선택이라고 할 수 있습니다.

PART 3

스토리텔링 전략 두 번째,

차별화 요소 찾아내어 새롭게 하기

스토리텔링 기법 두 번째 카테고리는 '차별화 요소 찾아내어 새롭게 하기'입니다. 마케팅하고자 하는 상품·서비스·브랜드가 경쟁사 또는 이전에 존재했던 것들과 어떻게 다르고 좋은지를 콘텐츠로 형상화하고, 특별함을 강조하여 이야기함으로써 고객의 선택 경로를 확정 짓는 방법으로 사용할 수 있습니다.

신규 런칭하는 아이템의 경우에 더욱 유용하게 적용할 수 있는 방법입니다. 하지만 주로 출시 후 차별화를 이루지 못해 선두를 점하고 있는 경쟁사에 밀리고 있거나 존재감을 발산하지 못하고 있을 때도 모색해볼 수 있는 기법들이지요.

차별화의 요소는 브랜드가 가지고 있는 고유의 가치와 철학이 될 수도 있고, 제품이 가지고 있는 소재와 기능의 차이가 될 수도 있습니다. 경쟁사에서 놓치고 있는 제품의 핵심 요소나 자사 제품의 장점을 부각시키는 것, 타깃이라고 생각하지 못했던 시장에 역발상의 논리로 접근하는 것, 시장 반응에 남들보다 먼저 반응하는 것 등으로 차별화할 수 있습니다.

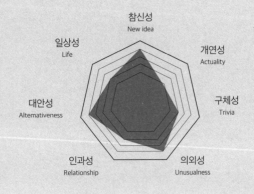

01

브랜드 가치와 철학 심기

유사한 기능과 품질을 가진 경쟁사의 상품과 서비스가 대거 포진하고 있는 산업 카테고리에서 사업을 진행하고 있다면 필승의 생존 전략으로 세워야 하는 것이 바로 '차별화'입니다. 고객들은 같은 기능과 같은 모양의 제품이라도 좀 더 의미 있고 가치 있는 브랜드의 상품을 구매하려는 성향이 있지요.

비록 가격이 더 비싼 제품이어도 명분만 주어진다면 고객들은 대의를 생각해 그 활동에 동참하려는 경향을 보이곤 합니다. 그 명분 중 고객들에게 가장 큰 영향력을 미치는 것은 기업이 가지고 있는 '고유한 철학과 가치'입니다.

사실 고유한 가치와 철학은 개별 상품이나 서비스보다 그것을 포괄하는 브랜드의 관점에서 고려되는 것이 더 효과적이지요. 브랜드를 탄생시킨 창업 가치와 경영 철학을 정리하거나 새로 만든 후

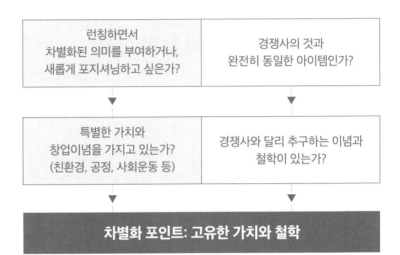

스토리로 엮어 고객들에게 전파하는 방법도 있습니다.

사업의 성격에 따라 대의라 할 수 있는 명분과 철학은 달라지겠지만 일반적인 공공의 선을 바탕으로 한다면 적용에 무리가 없습니다. 예를 들어 환경, 평화, 공존, 평등, 인권의 가치들이 그런 것입니다. 그리고 그것을 구체적이고 일반적이지 않은 '기업과 브랜드의 고유한 이념'으로 체화시키는 '창의력'이 가미되어야 하지요.

미래의 사회 구성원들을 위해 친환경적인 제품을 만들거나 열악한 환경에 놓인 제3세계 노동자의 인권을 존중하는 브랜드가 있습니다. 이런 브랜드는 그 존재 자체가 사회운동의 본산으로 인식되기도 합니다. 고객들은 해당 브랜드의 제품을 구매하고 소비하는 것만으로 사회운동에 동참하는 것이라는 일종의 자긍심을 가질 수 있습니다. 브랜드의 철학과 경영 이념을 알기 쉽게 풀어 설명하고 동참하게 하는 것이 바로 스토리텔링의 역할입니다.

환경을 생각하는 브랜드 파타고니아Patagonia

미국의 친환경 아웃도어 브랜드 파타고니아는 그들이 사업을 하는 이유가 '지구를 되살리는 활동을 하기 위해'라고 선언했습니다. 제품의 제조 과정에서 발생할 수 있는 환경 피해를 최소화하며 수익을 환경 보호 활동에 쓴다고 합니다. 2011년, 미국 최대의 세일인 블랙 프라이데이Black Friday 때는 심지어 '이 옷을 사지 마시오'라는 광고를 내걸기도 했습니다. 친환경 제품인 자사의 제품마저도 생산 과정에서 온실가스가 배출되고 쓰고 남은 자투리 천들이 무분별하게 버려진다는 이유에서 캠페인을 벌인 것입니다.

불필요한 소비를 막겠다는 파격적인 메시지는 오히려 파타고니아 브랜드에 대한 소비자의 마음을 움직였습니다. 매출은 지속적인 성장을 거듭하고, 고객들은 그들의 철학을 SNS를 통해 실어 나르고 있지요. 파타고니아는 '1% for the Planet'이라는 슬로건을 통해 1985년부터 매년 매출의 1%를 환경 보호 단체들을 후원하는 데 사용함을 지속적으로 홍보하고 있습니다. 제조업을 하면서도 그들이 추구하는 환경 보호에 대한 가치를 표방하고 제품에 녹인 것입니다.

파타고니아가 사회적인 기업으로 인정받고 고객이 그들의 활동에 동참하는 데에는 이유가 있습니다. 고객들에게 어쩌면 반환경적인 행위라 할 수 있는 새 옷 구매 시에도 파타고니아 제품을 구매함으로써 양심의 가책을 일부 덜기 때문이지요. 파타고니아는 친환경 스토리텔링을 통해 고객의 신뢰와 성원을 얻을 수 있었고, 지금도 그들의 이야기를 계속 성장시켜 나가고 있습니다.

푸른 숲 가꾸는 유한킴벌리

파타고니아처럼 친환경적인 철학과 가치를 중시하며 고객의 선택을 받는 기업이 국내에도 있습니다. 유한킴벌리는 1970년, 유한양행이 미국의 제지회사 킴벌리 클라크와 합작 투자하여 설립한 위생용품 제조사로 출발했습니다. 주로 나무에서 나오는 펄프로 미용 티슈와 화장지 등을 만들었는데 '크리넥스', '뽀삐', '하기스' 등의 상품으로 알려져 있지요. 유한킴벌리는 1984년부터 '우리 강산 푸르게 푸르게'라는 슬로건으로 캠페인을 진행하고 있습니다.

유한킴벌리의 캠페인은 'CSR Corporate Social Responsibility 마케팅'이라고도 불리는 기업의 사회적 책임 활동이자 최근 중요성이 강조되고 있는 ESG Environment, Social, Governance 활동의 원형이라고 볼 수 있습니다. 유한킴벌리는 미국 회사 킴벌리와의 합작 회사이기는 했지만, 킴벌리와는 별개 가치로 '한국의 환경 보전을 위해 노력하는 기업'을 표방했습니다. 구체적인 실천으로는 나무 심기를 들 수 있지요.

유한킴벌리는 38년째 약 5,400만 그루의 나무를 심어오고 있습니다. 최근의 기사에서도 산불 피해를 본 산림지역 복구나 숲 가꾸기 조성 사업에 열성적인 모습을 보이고 있지요. 이런 활동으로 그들의 경영 철학이 단순히 일시적 이윤추구가 아닌 사회공헌임을 강조했습니다. 베어낸 나무(펄프)로 주력 제품을 생산하는 기업 유한킴벌리가 나무를 가꾸는 사업을 한다는 역설을 통해, 사회적인 지탄과 공격을 피해 가는 것은 물론이고 적극적인 사회공헌 기업임을 천명한 것입니다. 이러한 노력들의 결과로 '2020 한국에서 가장 존경받는 기업 조사'에서 올스타에 선정되는 등 고객들로부터 선호와 깊은 존경을 받기에까지 이르렀습니다.

유한킴벌리의 사회공헌 활동은 황사의 발원지로 지목되는 몽골에 '유한킴벌리 숲'을 조성하는가 하면 생리대 기부, 발달장애 아동용 팬티 제공, 마스크 기부 활동 등의 '우리 사회 푸르게 푸르게' 캠페인으로 그 영역과 대상을 확대해 가고 있지요. 이런 활동에 영향을 받은 고객의 선호와 지원을 바탕으로 유한킴벌리는 병원용 및 산업용 전문용품의 생산과 판매까지 사업을 다각화하고 있습니다.

녹차 밭을 통해 가치를 전달하는 아모레퍼시픽

대한민국의 여성이라면 누구나 한 번 이상 사용했고 또 사용하고 있을 화장품을 만드는 그룹 아모레퍼시픽. 아모레퍼시픽은 세계로까지 진출해 성공한 명실공히 한국을 대표하는 화장품 그룹이라 할 수 있습니다.

아모레퍼시픽은 10대부터 60대 이상까지 각 연령이 사용 가능한 화장품 브랜드를 촘촘하게 16개 라인업으로 나누어 차별화된 마케팅을 진행하고 있습니다. 세분된 브랜드 각각의 타깃에 맞는 스토리로 마케팅을 진행하고 있다는 점에서만 보자면 경쟁 관계에 있는 화장품 기업들과 큰 차이는 없어 보입니다.

하지만 우리가 한 가지 주목해야 할 부분은 아모레퍼시픽이 '티 컬처Tea Culture' 사업도 함께 하고 있다는 점입니다. 브랜드 오설록의 티 컬처 사업의 중심에는 '녹차'가 있습니다. 커피에 비해 그렇게 대중적이지도 않고 화장품에 비해 수익도 크지 않은 녹차 사업을 아모레퍼시픽이 지속하고 있는 이유는 무엇일까요?

물론 사명이 '태평양'이던 1979년부터 서성환 선대 회장이 가꿔온 차 밭과 사업의 연장이라고 볼 수도 있습니다. 하지만 차 사업이 고객에게 전달하는 메시지는 그렇게 단순하지 않습니다. 제주도 남서쪽 서광에 위치한 '오설록 티뮤지엄'을 방문해 보면 알 수 있지요. 아모레퍼시픽에서 2001년 개관한 티뮤지엄은 광활하게 펼쳐진 서광 녹차 밭을 내려다볼 수 있는 언덕 위에 있습니다. 아모레퍼시픽의 제주 녹차 밭은 서광, 돌송이, 한남의 3개 지역에 있는데, 제주라는 지역의 특수성으로 인해 연간 180만 명이 찾는 관광 명소로 인기를 누리고 있습니다.

제주의 광활한 녹차 밭과 오설록 티뮤지엄을 돌아본 고객은 아모레퍼시픽이라는 기업에 대한 감성적인 충격, 즉 일종의 감동을 받고 돌아갑니다. 녹차 밭이 전해주는 자연이라는 청정의 이미지가 오롯이 전달되면서, 고객에게는 아모레퍼시픽의 화장품이 삭막한 공장에서 찍어내는 것이 아닌 자연의 소재와 공정을 담아낸 제품으로 자리 잡게 되지요. 여기서 차별화가 발생합니다.

오설록 티뮤지엄의 옆에는 아모레퍼시픽의 브랜드 중 하나인 이니스프리의 제주하우스가 있습니다. 여기서는 제주의 청정 원료로 만든 화장품을 집중적으로 소개하고 천연 비누 만들기 같은 체험 활동도 제공하고 있습니다. '이니스프리 제주하우스'는 단순한 판매 매장이 아니라 고객들에게 녹차 밭과 함께 아모레퍼시픽이 만드는 화장품 소재에 대한 천연재료, 친환경, 깨끗함의 이미지를 배가시켜 주는 홍보관의 역할도 수행하고 있지요. 별 상관없어 보이던 녹차 사업이 화장품 사업에 눈에 보이지 않는 가치와 영향력을 전파하고 있는 것입니다.

눈 앞에 펼쳐진 유기농의 녹차 밭을 보며 녹차로 만든 아이스크림을 먹고, 현지의 천연재료로 만든 화장품의 향기를 맡아본 관광객은 이후 아모레퍼시픽의 철학을 이해하고 동조하는 매우 우호적인 고객으로 변하게 됩니다. 그리고 그것이 곧 '녹차 밭 스토리텔링'을 통해 고객에게 메시지를 전달하는 아모레퍼시픽의 강점이며 다른 경쟁자들이 쫓아올 수 없는 최대 경쟁력이 되지요.

공정무역을 추구하는 아그로페어와 더바디샵

현대의 기업이 추구하는 가치는 예전과 비교하면 더욱 다양해지고 있으며 깊이 또한 깊어지고 있습니다. 고객들은 이제 낮은 비용만을 쫓아 제품을 구매하고 소비하지 않습니다. 동일 상품군에서 경쟁재보다 더 높은 가격이 책정되어 있어도 고객들이 인정할 만한 가치를 품고 있다면 고객들은 기꺼이 해당 브랜드와 상품을 선택하고 지출합니다. 대표적으론 '친환경'이라는 키워드를 이야기할 수 있습니다. 유기농, 자연주의, 천연재료, 재활용, Non-GMO(Non-Genetically Modified Organisms, 유전자 비조작)와 같은 단어로 표현할 수 있는 '친환경'은 상당히 오랫동안 고객이 인정하는 상품 선택의 기준이자 가치가 되어왔지요.

최근에는 이런 친환경에 추가하여 공정무역이 전 세계적인 화두이자 가치로 떠오르고 있습니다. 공정무역이란 수요자인 소위 선진국이라 일컫는 국가의 기업이 개발도상국 및 저개발 국가의 말단에서 노동하는 생산자에게 정당한 대가가 지급되도록 적절한 가격을 치르고 물건을 수입하는 행위를 말합니다. 일명 '착한 소비'의 일종으로 분류되는 공정무역은 열악한 환경의 노동자 삶을 개선하고자 하는 국제적인 시민운동으로 추진되고 있습니다. 커피, 카카오, 견과류, 열대과일로 시작해 공산품에 이르기까지 광범위한 산업군에서 공정무역이 논의되고 있지요.

최종 소비자들은 그들의 소비가 여성과 아동들을 포함한 저개발 국가 노동자들의 착취가 아니라 공정한 대가를 지급한 합리적인 유통 경로의 산물이기를 바라고 있습니다. 이윤을 추구하는 기업이라도 이제 환경과 노동을 생각하는 가치를 지녀야만 지속 가능한 기업으로 인정을 받게 된 것입니다. 기업의 사회적 책임을 강조하는 ESG 경영 이슈와 맞물려 더욱 힘을 얻어가고 있습니다.

공정무역을 표방하는 대표적인 기업으로는 공정무역 바나나로 유명한 '아그로페어Agrofair'가 있습니다. 1996년 네덜란드의 생산자협동조합으로 시작한 아그로페어는 페루, 에콰도르, 파나마 등 6개국 생산자로부터 공정무역 바나나를 공급받아 유럽과 아시아 등에 수출합니다.

바나나를 포함한 열대 과일은 거대 유통회사가 이윤을 많이 남기기 위해 열대지방의 저개발 국가에 노동 착취 수준의 최소 비용만을 지급하고 수입하는 것으로 유명한 산업 분야였습니다. 거대 과일 유통 기업들은 오로지 낮은 가격 유지를 희망할 뿐, 환경파괴나 노동자의 인권 따위에는 관심을 두지 않았지요.

그러나 아그로페어는 달랐습니다. 이윤 창출만이 아닌 지속 가능한 시장과 국경을 초월한 노동, 환경의 개선에 미션을 뒀지요. 대다수 비정규직에 머물렀던 노동자들의 처우 개선과 정당한 이익 배분에도 앞장섰습니다. 또한 노동자의 건강과 환경을 해치는 농약 사용을 배제한 유기농 방식의 바나나만을 매입함으로써 노동자와 지구의 건강까지 살피는 고차원의 가치까지 내걸고 있습니다.

유럽의회는 2006년 '공정무역과 발전'이라는 결의안을 통과시켰습니다. 영국 국민의 70%는 공정무역 마크를 인지하고 있으며, 25%는 주기적으로 공정무역 제품을 구매한다고 합니다. 아그로페어는 국제 사회에서 점점 힘을 얻어가는 공정무역의 이슈에 맞추어 그 영역을 점차 확대해 나가고 있습니다.

아그로페어가 주로 유럽 시장을 대상으로 공정무역 소비의 기치를 높이 들었다면 좀 더 보편적인 글로벌 공정무역 기업으로는 '더바디샵The Body Shop'이 있지요. 애니타 로딕Anita Roddick이 1976년 영국 남부해안의 작은 가게로 시작해 성공을 일군 더바디샵은 1987년, 일찍이 화장품 업계 최초로 공정무역의 철학을 도입했습니다.

천연재료를 주원료로 사용하는 더바디샵의 화장품은 원료공급자들과의 계약에서 노동자의 인권과 정당한 급여를 전제 조건으로 거래를 진행합니다. 나아가 공정한 대가 지불 외에도 원료 공급 국가 원주민을 위한 학교, 보건시설, 식수 공급 등 인프라 조성을 위한 자금 지원도 아끼지 않고 있습니다.

더바디샵은 상대적으로 고가의 비용을 지급하더라도 환경 파괴적인 제품을 구매하는 대신 더바디샵의 제품을 구매하는 것이 곧 환경과 노동자를 위하는 길이라고 이야기합니다. 스토리텔링을 통해 고객을 설득하고 자신들의 사업에 동참하도록 하는 '가치 마케팅'을 진행하고 있으며 그를 통해 많은 고객이 더바디샵의 편이 되어가고 있습니다. 1989년부터는 '동물 실험 반대' 운동까지 추진하면서 전 세계의 소비자로부터 더 큰 호응과 지지를 받고 있지요.

02

이름 짓고 새로운 의미 부여하기

기존 사업군에서 어느 정도 자리 잡긴 했지만, 추가적인 신성장 동력 얻고자 하는 기업이 있다면 새로운 돌파구로 시행해 볼 수 있는 것이 브랜드 또는 기업의 이름을 새롭게 바꾸고 변신을 시도해 보는 일입니다. 물론 이름을 새로 짓고 바꾸는 것은 그에 따른 명분과 이해를 위한 스토리텔링이 필수적으로 수반되어야 성공 확률이 높아지지요.

기존의 브랜드명이 이미 널리 알려져 새로운 것으로 이름을 교체하기 어려울 때는 의미와 해석을 조금 재미있고 과장된 모습으로 바꾸거나 애칭, 닉네임처럼 제2의 이름과 정체성을 지어보는 것도 한 방법이 될 수 있습니다.

이름을 바꾸거나 CI(Corporate Identity), BI(Brand Identity)만 변형해도 고객들은 기존에 이미 알고 있던, 더 이상 변화가 없을 것 같던

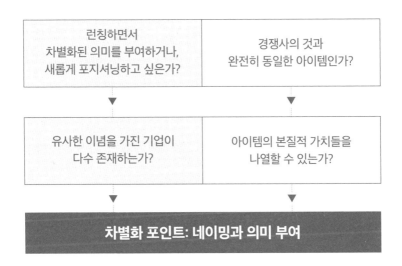

런칭하면서 차별화된 의미를 부여하거나, 새롭게 포지셔닝하고 싶은가?	경쟁사의 것과 완전히 동일한 아이템인가?
유사한 이념을 가진 기업이 다수 존재하는가?	아이템의 본질적 가치들을 나열할 수 있는가?

차별화 포인트: 네이밍과 의미 부여

이미지에서 새로움을 발견하고 다시 돌아보게 됩니다. 기업의 근본적 구조 변경과 혁신, 전면적인 사업 체계 개편이 어렵다면 새로운 이름 짓기 또는 새로운 의미 부여라는 스토리텔링 기법을 적용해서 쇄신의 시작으로 삼아보세요.

신세계가 쓱(SSG)하다

SSG.COM(에스에스지닷컴)은 신세계그룹 산하의 신세계몰, 이마트몰, 신세계백화점 등 유통 조직을 하나의 온라인 부문으로 통합해 만들어낸 이름입니다. SSG.COM을 새로운 법인의 이름으로 정하면서 그룹의 담당자들은 고민에 빠졌겠지요. SSG.COM이라는 새로운 CI와 BI를 만들어내긴 했지만 누가 봐도 이것은 '신세계 그룹'의 이니셜이었고 그 정통성을 이어받은 이름이었습니다. 오랜 역사를 가진 신세계백화점의 브랜드가 쇼핑업계에서 높은 인지도와 영향력을 가진 것은 사실이지만 젊은 층이 주로 이용할 온라인 쇼핑 부문에서 '신세계'라는 용어는 여전히 진부한 이미지로 비춰질 것이기 때문입니다.

혁신했지만 고객들이 그것을 혁신으로 받아들이지 않는다면 기업으로서는 무척 곤란합니다. SSG.COM은 다소 고루하게 보일 수 있는 이름을 '쓱' 하나로 쓱 풀어냈습니다. 젊은이들 사이에서나 유행할 법한 약어 발음 기호를 사업의 정체성을 나타내는 이름으로 채택한 것입니다.

분명 너무 가볍다는 내부의 반대도 있었겠지만, 결론적으로 '쓱'은 성공적인 선택이었습니다. '쓱'이라는 말은 SSG를 있는 그대로 재미있게 읽은 것이기도 했지만 빠른 결제와 배송을 뜻하는 의태어로 통용되는 중의가 있었지요. '쓱닷컴'은 직관적이면서도 지나치게 무겁고 발음이 어려운 '에스에스지닷컴'보다 훨씬 고객 친화적인 스토리텔링이 가능합니다. '쓱배송', '쓱세일', '쓱페이' 등이 연이어 제시됐고 고객들은 다른 쇼핑몰보다 더 쉽고 친근하며 세련된 것으로 SSG.COM을 인식하게 됐습니다.

'쓱닷컴' 캠페인의 영향으로 SSG.COM의 매출이 20% 이상 신장했다는 기사가 쏟아졌습니다. 신세계그룹이 'SSG.COM'을 '에스에스지닷컴'이라는 발음과 이야기로 기존의 이미지를 고수하려했다면 이런 고객 호감도 증대는 없었겠지요. 선입견을 버린 과감한 시도가 가져온 후속 성과라 할 수 있습니다.

이름을 바꿔 뾰족하게 노출한 '미녀는 석류를 좋아해'

야심차게 출시한 신규 상품이라도 시장의 반응이 예상과 달리크지 않다면 이름과 콘셉트, 때에 따라서는 타깃까지도 과감하게바꿔볼 필요가 있습니다. 롯데칠성음료에서는 2005년, '모메존 석류'라는 이름의 석류 음료를 출시했습니다. 건강에 관심이 많은 고객을 타깃으로 식이 섬유가 함유된 석류 음료를 들고 나온 것이지요. 그러나 모메존(몸에 좋은) 음료 시리즈 중에서도 다소 낯설었던석류는 그리 큰 호응을 받지 못했습니다.

롯데칠성음료에서는 발 빠르게 제품 리뉴얼에 대한 고민을 했습니다. 그리고 2006년 음료 이름치고는 조금 긴 대화체의 '미녀는석류를 좋아해'라는 이름으로 재출시하게 됩니다. 석류에 여성 호르몬인 에스트로겐 성분이 들어 있다는 것에 착안해 명확하게 여성고객을 타깃으로 삼아 스토리텔링을 진행한 것입니다. 특정 타깃 '여성(미녀)'을 제품명에 넣는다는 것은 다른 고객들이 외면할 수 있는대단한 모험이었지만, 결과는 대성공이었죠.

광고에 미녀를 주인공으로 등장시키는 대신, 영화 〈왕의 남자〉로 주가를 올리고 있던 꽃미남 배우 이준기를 내세워 노래를 부르게 한 것도 노림수였습니다. 당시에는 '미녀는 석류를 좋아해~'라는 노래를 누구나 흥얼거렸을 정도로 CM송이 대박을 쳤었죠. '미녀는 석류를 좋아해'는 출시 한 달여 만에 100억 원의 매출을 돌파하는 기록을 달성했습니다.

'미녀는 석류를 좋아해'는 대중적인 음료 이름과 타깃을 정하고, 광고 모델을 선정하던 기존의 형식과 고정 관념에서 벗어난 결단의 결과입니다. 과감한 기획이 성과를 가져왔지요. 특정 타깃의 전유물이자 미용과 건강 콘셉트로 기능하도록 확실하게 의미 부여했습니다. 그런 면에서 '미녀는 석류를 좋아해'는 평범할 수 있었던 음료를 특별한 것으로 탈바꿈한 네이밍 스토리텔링의 대표적인 성공 사례입니다.

©롯데칠성(company.lottechilsung.co.kr)

146

03

약점 시장 뛰어들어 수요 창출하기

'이글루에 사는 에스키모에게 냉장고 팔기'

우리가 험지의 어려운 환경에서 영업할 때 비유하곤 하는 말입니다. 북극은 1년 365일 냉장고가 필요 없을 정도의 낮은 기온을 유지하고 있는 곳입니다. 얼음집인 이글루에 사는 에스키모는 천연의 냉장고가 있는데 굳이 냉장고를 살 이유가 있을까요? 더구나 그들은 전기 사용도 녹록치 않은데 말입니다. 이글루에 사는 에스키모에게 냉장고를 파는 일은 불가능에 가깝습니다.

성공 방법에는 한 시장에서 경쟁사와의 차별화에 성공해 경쟁사를 넘어서는 방법도 있겠지만, 수요가 존재하지 않는 것으로 판정되어 불모지라 생각되던 약점 시장에서 좀처럼 보이지 않던 수요를 발굴 또는 개척하는 방법도 있습니다. 수요가 없을 것으로 보이는 제품의 본질에는 아무런 변화가 없더라도 스토리텔링에 의해서

> 제 2의 도약을 위한 전환점이 필요한가?

> 진출하지 못했던 취약 시장 영역이 있는가?

차별화 포인트: 약점 시장에의 역발상 접근

라면 다릅니다. 역발상으로 고객의 인식을 바꾸면서 수요 창출도 가능해집니다. 에스키모에게도 냉장고를 파는 스토리가 만들어질 수 있습니다. 무모한 시도에 가까운 일을 하는 사람은 늘 있습니다. 이들은 수요가 없다면 만들고 저조한 수요는 끌어올립니다.

물론 특정 시장의 타깃군에 맞지 않는 상품을 다시 재가공하거나 거의 다른 상품으로 리뉴얼해 판매하는 경우도 많이 있습니다. 이를테면 이슬람 국가에 진출하려는 식품 기업에서 할랄 인증을 받은 식재료로 제품을 만들어 수출하는 등의 사례가 있지요.

하지만 상품의 구성 요소와 특성에 거의 변화를 주지 않고도 취약지라 불리는 약점 시장으로 판로를 넓히고 수요를 끌어올리는 사람들도 있습니다. 그것이 가능한 이유는 스토리텔링으로 사람들의 생각과 태도를 바꿀 수 있기 때문입니다.

흔히 상품의 초기 출시 단계에서 겨냥해 두었던 주요 타깃 공략에 성공하였을 때 성취감을 느끼고 그것에 안주해 버리는 일이 많이 있습니다. 좋게 말하면 '한 우물을 판다'고 할 수 있겠지요. 하지만 지속 가능한 성장과 기업의 미래를 위해 한계 수요에 다가가고 있는 주요 시장이 아닌 불모지로 시선을 돌려볼 필요가 있습니다. 그리고 그 시장이 정말 극복하지 못할 난공불락의 장벽을 지닌 시장인지 관찰하고 고민해 보아야 합니다.

'지구상에 오직 그 시장만이 존재한다'는 물러설 수 없는 가정을 해보면 어떨까요? 약점 시장 접근은 기존 시장에서 상품을 기획할 때보다 더 필사적이고 창의적인 아이디어가 필요합니다. 스토리텔링으로 에스키모에게 냉장고를 팔 수 있다면 당연히 그 기업은 지속 가능성을 진정으로 인정받는 글로벌 일류기업이 될 겁니다.

코카콜라와 빨간 옷의 산타클로스, 북극곰

코카콜라는 단일 품목으로 전 세계에서 가장 많이 팔리고 있는 음료수입니다. 코카콜라는 역사만큼이나 다양한 스토리를 보유하고 있고 혁신적인 아이디어의 마케팅과 광고를 시도하는 것으로 명성이 자자하지요. 1886년 미국의 한 약국에서 약품으로 개발된 코카콜라는 창업 스토리부터가 예사롭지 않습니다.

코카콜라는 한 손에 쏙 들어오는 병의 디자인이며 맛과 품질, 트레이드마크인 로고, 각국에서의 현지화 마케팅과 시즌 이벤트 등 성공적인 스토리텔링을 위한 요소를 두루두루 갖추고 있습니다. 코카콜라의 변함없는 맛도 중요하지만, 다채로운 마케팅 덕분에 100년이 넘는 세월에도 여전히 세계인의 사랑을 받고 있습니다.

하지만 코카콜라는 사실 태생적인 한계를 가진 상품이기도 합니다. 더운 날씨에 시원하게 냉장고에 넣고 마시는 전형적인 청량음료이자 여름 음료라는 본질의 문제였습니다. 계절이 다양한 나라에서도 땀을 많이 흘리는 여름철이거나, 사시사철 더운 나라에서는 문제가 되지 않았습니다. 그러나 추운 지방이나 겨울에는 그리 환영받는 음료가 될 수 없었지요. 즉 지리적으로나 계절적으로 취약 시장이 명확히 존재했습니다.

번뜩이는 창의력을 가진 코카콜라의 마케팅 부서에서는 1931년, 일찍이 이를 돌파할 획기적인 아이디어를 냅니다. 코카콜라가 더운 여름에 마시는 한때의 음료가 아닌 '한겨울에도 즐겨 마시는 음료'라는 것을 소구하기 위해 산타클로스를 광고모델로 전격 영입한 것이죠.

산타클로스 영입은 '신의 한수'였습니다. 산타클로스는 크리스마스가 있는 한겨울의 상징 같은 존재였지요. 게다가 새빨간 옷과 하얀 수염이 코카콜라의 상징인 빨간색 바탕의 하얀 글씨와 절묘하게 오버랩 됐습니다. 발그스레한 얼굴빛의 산타클로스가 빨간 바탕에 흰 글씨가 쓰인 캔의 코카콜라를 마시는 장면은 미리 짜 맞추어 놓기라도 한 듯 명장면이 되었습니다.

1931년 12월 처음 공개된 이 빨간 옷의 산타클로스 광고는 청량음료 업계뿐만 아니라 전 산업에 신선한 충격을 줬습니다. 매년 겨울에 등장하는 산타클로스 광고 시리즈는 크리스마스 파티에서 빠질 수 없는 음료로 코카콜라를 떠올리게 했습니다. 그렇게 코카콜라는 한겨울에 어떤 음식과도 함께 즐겨 마실 수 있는 음료로 정착했습니다.

나아가 코카콜라에서는 산타클로스와의 동행이 다소 진부하다고 생각했는지, 1993년부터 추운 지방을 대상으로 하는 겨울 광고용 모델을 추가로 영입했습니다. 바로 흰털을 가진 북극곰이었지요. 어린아이들까지 시장으로 포섭한 '북극곰의 콜라 마시기' 광고는 산타클로스 이상의 반응을 불러왔습니다.

영화관에서 영화를 감상하듯 하늘의 오로라를 감상하며 단체로 콜라를 마시는 장면은 소비자에게 TPO(Time-Place-Occasion)의 방향을 설명해주는 암시적 광고이기도 했습니다. 이 광고에 힘입어 지금까지도 콜라는 영화관에서 굉장히 대중적인 음료입니다. 또 아기곰의 동반 등장은 '아이가 마시면 해로운 콜라'라는 이미지와 여론에 역설적으로 대응하는 상업적 노림수이기도 했지요.

불가능이라 여겨졌던 차가운 음료 코카콜라의 겨울 판매가 지금처럼 보편화 된 것은 산타클로스와 북극곰을 소재로 코카콜라가 만들어낸 의도된 스토리텔링의 결실이라 할 수 있습니다. 계절이나 날씨와 상관없이 세계 어느 곳에서 남녀노소 누구나 마실 수 있다는 것이지요. 스토리텔링의 대가 코카콜라의 다음 모델은 과연 누가, 어떤 모습으로 등장할지 기대가 됩니다.

©코카콜라(coca-colacompany.com)

아이들의 장난감이 성인들의 취미 생활로, 레고LEGO

덴마크의 목수였던 올레 키르크 크리스티얀센Ole Kirk Christiansen은 1934년, 레고사를 설립했습니다. 초창기 레고는 나무를 이용해 아이들의 장난감을 만드는 작은 회사였습니다. 어느 날 크리스티얀센과 그의 아들 고트프레드Godtfred는 박람회를 돌아보다 다른 나라에서 출시된 플라스틱 블록 장난감을 만나게 됐고 곧 그것에 매료됐습니다. 아버지와 아들은 블록 장난감에 대한 연구에 돌입했고 얼마 후 지금과 같은 형태의 레고 블록을 만들어냈습니다. 그리고 레고는 어린이들의 새로운 장난감으로 큰 인기를 끕니다.

1990년대 이전까지만 해도 레고 블록은 주로 어린이들의 전유물이었습니다. 레고에서는 '레고 블록만 가지면 아이들이 상상하는 무엇이든 만들 수 있다'는 메시지로 홍보에 집중하기도 했지요. 아이들이 입에 넣고 빨더라도 안전할 수 있도록 무독성의 ABS 수지를 이용해 블록을 만들어내는가 하면, 성적인 내용이나 욕설, 음주와 흡연 같은 것들이 레고의 테마나 스토리에 들어가지 않도록 하는 각별한 원칙을 정하기도 했습니다. 모두 주요 고객인 아이들을 위한 조치였습니다.

어린이용 교육 장난감이었던 레고는 아이들이 성장하면서 자연스럽게 멀어져야 하는 제품이라 치부됐지만, 1990년대 말부터는 양상이 조금씩 달라졌습니다. 레고가 스타워즈 등과 협업하고 다양한 스토리를 지닌 제품들을 시리즈로 내놓기 시작하면서 레고에 관심을 두는 연령층이 상향 확대된 것입니다.

이런 움직임은 급속도로 성장한 인터넷 네트워크와 결합하면서 이전과는 전혀 다른 고객층을 형성했습니다. 바로 성인이 모인 레고 사용자 그룹 커뮤니티들이 인터넷을 통해 자생적으로 생겨나기 시작한 것입니다. 성인들은 스토리텔링에 기반한 레고의 라인업에 깊은 관심을 가졌고 스스로 레고의 활용법을 만들어냈습니다.

이때부터 레고는 어린이만 갖고 노는 장난감이 아니라, 피규어처럼 성인의 고급스러운 취미이면서 장식장을 채우는 오브젝트가 되었습니다. 일부 전문적인 마니아, 일명 '덕후'들은 캐드(CAD, 설계 도면을 생성하는 컴퓨터 그래픽 소프트웨어)를 이용해 자신만의 스토리를

©레고(lego.com)

지닌 건축물 등을 직접 설계해 공유했습니다. 또 레고에서 제공하는 브릭링크BrickLink라는 서비스를 통해 구현에 필요한 레고 블록 조각들을 대량으로 주문했지요.

변화를 감지한 레고는 커뮤니티 형태로 형성된 성인 사용자 그룹을 적극적으로 활용했습니다. 어린이들이 아닌 성인들의 장난감으로 테마 스토리를 확대하고 성인 사용자 그룹의 목소리에 귀를 기울였지요. 성인 팬층의 요구에 따라 엠파이어 스테이트 빌딩이나 시드니 오페라 하우스, 런던 빅벤, 샌프란시스코 금문교, 백악관, 파리 에펠탑, 브란덴부르크문 심지어는 한국의 남대문과 같은 실존하는 랜드마크 건축물의 레고도 출시했습니다. 성인들의 로망인 고급차 브랜드 람보르기니와 협업하여 '람보르기니 레고'도 내놓았습니다.

희귀 테마의 레고 세트가 고가에 거래되며 생겨난 '레고테크'라는 말도 이제는 전혀 낯설지 않습니다. 레고는 어린이용 장난감에 머물 수 있었던 상품에 관심을 갖기 시작하는 성인들의 욕구를 재빨리 파악하고 성인을 위한 테마와 시리즈를 만들어냈습니다. 레고 블록을 희귀한 소장 아이템으로 발전, 승화시킨 레고의 약점 시장 공략 전략이 잘 맞아떨어진 결과라고 할 수 있습니다.

04

핵심 포인트 파고들어 전세 역전시키기

×

많이 쓰이는 스토리텔링의 구도 잡기 방법의 하나는 상품과 서비스의 본질을 파악한 후 그것을 나타내는 핵심 키워드들을 나열해 보는 것입니다. 그리고 상위 핵심 키워드를 중심으로 스토리를 엮어 가면 됩니다. 정말 당연하고 쉬운 것처럼 보이지요? 하지만 가장 어려운 것이 바로 핵심의 가치와 본질을 파악하고 그것에 집중하는 일입니다.

경쟁사에서 핵심 포인트에 대해 간과하고 있거나 이 문제로 곤란을 겪고 있다면 이 방법을 활용해 보세요. 핵심 포인트를 장점으로 삼아서 치고 나간다면 후발 주자라도 단번에 전세를 역전시킬수 있는 발판이 생길 겁니다.

핵심 가치의 도출은 상품, 서비스의 효용과 그것을 구성하는 요소들을 먼저 생각해 보는 것에서 출발합니다. 상품을 구성하는 주

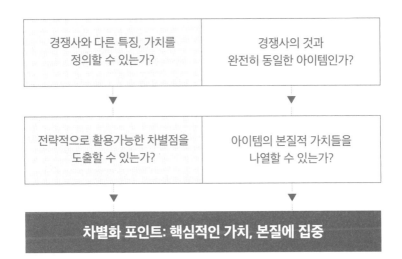

요 소재가 될 수도 있고 서비스 이용자들의 니즈일 수도 있습니다. 우리 아이템의 물성이나 성격의 핵심 기능을 정리한 후, 경쟁사의 그것과 다른 점이나 장점을 기술해 보면 됩니다.

이때 핵심 포인트가 사회적, 경제적인 이슈로 떠오르고 있는 상황이라면 그 효과를 배가시킬 수 있습니다. 환경오염이 화두로 떠오를 때 친환경 제품임을 강조하거나 서비스 요금의 버블이 지적되고 있을 때 거품을 뺀 합리적 가격을 강조하는 것이 그 예이지요.

오비맥주 vs 하이트진로

1991년 경북 구미공단의 두산전자 공장에서 낙동강으로 독극물인 페놀을 무단 방류하는 사건이 발생했습니다. 30만 톤에 이르는 페놀 유출은 사회적으로 커다란 이슈가 됐지요. 환경에 대한 의식이 깨어나고 있던 때라 두산그룹에 대한 국민의 반감은 커졌고, 불매 운동으로까지 번졌습니다. 이런 분위기에서 치명타를 입은 사업 중 하나는 두산그룹 동양맥주주식회사의 '오비맥주'였습니다.

오비맥주는 당시 국내 맥주 시장에서 80% 가까이 시장을 점유하던 부동의 국내 1위 맥주였습니다. 경쟁사 '조선맥주주식회사'의 크라운맥주가 있었지만, 그 당시 한국의 국민에게 '맥주는 오비'라는 공식이 굳어져 있던 터라 크라운맥주가 치고 올라갈 틈은 보이지 않았지요. 오비맥주는 페놀을 유출한 직접적인 당사자가 아니었고 맥주 시장에서 확고한 고객을 확보하고 있었으므로 불매 운동으로 인한 영향은 잠시 머물다 사라질 것이라 여겼을 것입니다.

그러나 소비자의 생각은 달랐습니다. 맥주는 물로 만든다는 제품 특성이 강하게 작용했습니다. 페놀 오염수를 만들어 낸 그룹이 깨끗한 물로 만들어야 할 맥주를 잘 만들 수 있겠냐는 잠재적 반감이 크게 일었습니다. 만약 크라운맥주를 만드는 조선맥주가 이 핵심 포인트의 약점에 집중하지 않았다면 1위 사업자 오비맥주의 전성기는 그 이후에도 계속되었을 것입니다.

하지만 조선맥주는 페놀로 인한 깨끗한 물 파동이라는 사회적

이슈를 곧 자사 상품의 '핵심 가치'로 내세우며 공략에 나섰습니다. 바로 '지하 1,500미터 천연암반수로 만든 깨끗한 맥주 하이트'의 탄생이었지요. 조선맥주는 나름 오랜 전통과 자부심이었던 '크라운'을 과감하게 버리고 '하이트'라는 브랜드로 새 옷까지 갈아입었습니다.

하이트는 강원도의 청정 지역으로 공장을 옮기며 '깨끗한 물로 만드는 맥주'라는 이미지에 집중해서 광고를 진행했고 단번에 고객들의 마음과 취향을 움직일 수 있었습니다. 1993년 30% 정도에 머물던 하이트의 점유율은 2000년대 들어 과반을 넘어서는가 싶더니 명실공히 국내 맥주 시장 1위가 되었지요. 1998년에는 사명마저 조선맥주㈜에서 하이트맥주㈜로 바꾸어 달았습니다. 점유율 30% 정도밖에 미치지 못하던 하이트 맥주가 이처럼 오비맥주와 담판을 벌일 경쟁자로 급부상할 수 있었던 이유는 그 당시 맥주의 본질이자 핵심 가치에 집중하고 그에 맞는 스토리텔링을 펼쳤기 때문입니다.

그러나 판도가 뒤집어져 다시는 바뀌지 않을 것 같았던 국내 맥주 시장은 그 이후로 다시 한번 반전의 드라마를 썼습니다. 어떤 상품과 서비스의 핵심 가치는 하나로 고정되지 않고 시대와 환경, 사회 이슈에 따라 변하지요. 그것을 입증한 것이 국내 맥주 시장이었습니다. 맥주의 재료로 쓰이는 물이 상향평준화가 되면서, 고객들이 중시하는 핵심 가치가 달라졌지요. 고객들은 시간이 지남에 따라 맥주의 맛과 특성에 집중했습니다.

2라운드라고 할 수 있는 국내 맥주 시장의 경쟁 요소는 '시원한 목 넘김'과 '톡 쏘는 탄산의 청량감'이었습니다. 특히 국내 소비자들은 진한 홉 향의 에일 맥주보다 시원하고 목 넘김이 좋은 라거 맥주를 선호하는 경향이 짙었습니다. 오비맥주는 2010년대를 넘어서며 '카스맥주'를 인수하고, 타깃 고객에 적합한 청량한 맥주로 1위 탈환에 성공했습니다.

1위의 자리를 다시 빼앗긴 하이트진로에서는 2019년, 오랜 준비를 거친 야심작 테라를 시장에 내놓으며 다시 공세에 나서고 있습니다. 특유의 녹색병과 '100% 리얼탄산, 100% 청정맥아'라는 슬로건을 사용해 핵심 가치를 공략하고 있지요. 국내 중소 브랜드와 수입 맥주가 난립하는 상황 속에서 양강의 라이벌 오비맥주와 하이트진로가 앞으로 어떤 가치에 집중하는 스토리를 들고 나와 판도를 주도할지 흥미롭습니다.

기기 성능이 아닌 콘텐츠로 승부한 애플의 아이팟

지금은 거의 사라졌지만 1990년대와 2000년대 초만 하더라도 많은 사람이 MP3 플레이어를 가지고 다니며 음악을 들었습니다. 스트리밍으로 음악을 들을 수 있는 무선네트워크와 스마트폰이 없던 시절이었지요. PC를 통해 원하는 음악을 주머니에 쏙 들어가는 MP3 플레이어로 옮겨 담고, 길게 늘어뜨린 유선 줄 이어폰을 통해 음악을 듣는 것은 하나의 유행이자 첨단 트렌드였습니다.

디지털 혁신의 중심에 있던 미국의 대형 가전제품 제조사들은 MP3 플레이어를 앞다퉈 출시했습니다. MP3 시장은 곧 중저가를 지향하는 중소 업체들까지 난립하는 포화 시장으로 치달았지요. 그런데 이런 MP3 플레이어 시장에 뒤늦게 합류한 기업이 있었으니 스티브 잡스Steve Jobs의 애플Apple입니다.

애플은 2001년 10월에서야 아이팟iPod이라는 제품으로 MP3 플레이어 시장에 진출했습니다. 애플의 MP3 시장 진출 계기에는 여러 이야기가 있지만, 주력 생산 컴퓨터인 아이맥iMAC의 특성이자 약점 때문이었다는 말이 있습니다.

경쟁사라고 할 수 있는 마이크로소프트사의 운영 체제를 탑재한 PC에서는 음악 CD를 굽거나 들을 수 있는 CD-ROM이라는 주변기기를 제공했습니다. 하지만 하드웨어와 소프트웨어의 운용에 있어 비교적 폐쇄적이었던 애플의 아이맥에서는 CD-ROM이라는 주변기기를 허용하지 않았지요. 타 기종 PC를 이용하는 유저들과 달리 CD 음악을 들을 수 없었던 아이맥 유저의 불만이 커져갔습니다.

고객들의 거센 목소리에 애플은 아이맥에 CD-ROM 부착을 허용하는 대신, 고품질의 음악을 보다 전문적이고 충실한 환경에서 들을 수 있는 전용 기기를 보급하기로 결정합니다. 그렇게 출시된 것이 MP3 전용 플레이어인 아이팟입니다. 새로운 시장인 MP3 플레이어 시장에 진출했다는 점은 다른 기업들과 유사했으나 애플의 전략은 완전히 달랐지요.

다른 기업들은 MP3 플레이어를 하나의 전자기기로 보고 그 기

능과 용량, 재생 품질 등에 초점을 뒀습니다. 반면 애플은 MP3 플레이어의 하드웨어보다는 본질인 'MP3 콘텐츠'에 관심을 뒀습니다. 아이팟 출시 이전과 이후에도 아이팟보다 성능과 음질이 더 뛰어난 전문 기기들은 존재했습니다. 하지만 원하는 MP3 음원 파일을 어렵게 찾아 구매한 후 그것을 USB 연결을 통해 MP3 플레이어로 옮겨 넣는 작업은 고객들에게 많은 불편을 줬지요.

애플은 아이튠즈iTunes와 아이튠즈 스토어iTunes Store라는 신개념의 서비스를 만들어 아이팟 유저에게 제공했습니다. 수십만 곡의 라이브러리를 갖추고 있는 아이튠즈 스토어에서 당시로도 아주 저렴한 0.99달러에 곡을 구매한 후, 아이튠즈라는 유용하고 간편한 소프트웨어를 통해 바로 아이팟으로 음악을 손쉽게 넣을 수 있었지요.

기업들이 하드웨어의 성능 개선에 집착하는 사이에 애플은 '콘텐츠의 연계성'에 중점을 둔 혁신을 제공해서 고객들에게 커다란 감동을 줬습니다. 사람들은 아이팟에 열광했고 그 철학을 이어받은 아이폰iPhone이 등장할 때까지 MP3 플레이어의 대명사로 전 세계에 군림했습니다.

디지털 디바이스를 기획 중인 많은 기업은 자사 상품의 하드웨어 성능과 용량, 디자인, 속도 등에 중점을 두곤 합니다. 그렇지만 때론 더욱 근본적인 경쟁력 확보를 위해 하드웨어보다 그 속에 집중해야 합니다. '콘텐츠의 확보와 유통', 고객의 '이용 시나리오'라는 선순환의 고리에 더 집중할 필요가 있습니다. 콘텐츠 중심의 스토리텔링이 얼마나 강력한지 아이팟의 사례가 잘 보여주고 있기 때문이지요.

05

색다르게 차별화하기

✕

동네에서 카페를 운영했던 적이 있습니다. 프랜차이즈를 포함해 주변에 포진해 있는 카페들과 비슷한 메뉴, 가격을 가진 동네 카페가 경쟁 우위를 지니며 성공을 한다는 것은 쉬운 일이 아니었지요. 특별히 좋은 위치나 뷰를 가지고 있지 않은 평범한 카페를 먼 거리에서 찾아올 손님은 없었기 때문입니다.

면밀한 조사 끝에 인근 카페에서는 팔지 않는 디저트를 직접 만들어 팔기 시작했습니다. 부드러운 식감과 함께 유자향이 그윽하게 퍼지는 '유자쉬폰'이라는 디저트였지요. 먼 친척이 운영하는 제주도 밭에서 직접 공수해오는 유자는 특별함을 더해주었습니다.

최근 베이커리 카페들이 대세를 이루는 것처럼 고객들은 곧 직접 만드는 디저트가 있다는 작은 스토리에도 차별화를 느꼈습니다. 다른 곳에 없는 유자 쉬폰의 맛을 보기 위해 인근의 다른 도시에서

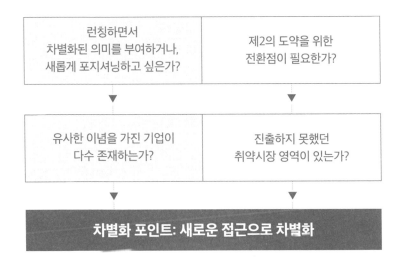

런칭하면서 차별화된 의미를 부여하거나, 새롭게 포지셔닝하고 싶은가?	제2의 도약을 위한 전환점이 필요한가?
유사한 이념을 가진 기업이 다수 존재하는가?	진출하지 못했던 취약시장 영역이 있는가?

차별화 포인트: 새로운 접근으로 차별화

방문이 늘어갔습니다. SNS에도 입소문이 퍼져 매출이 늘었지요.

이렇게 어떤 업종이든 성공을 거두기 위해서는 차별화의 요소, 고객들에게 전해줄 특별한 경험과 스토리를 고민해봐야 합니다. 경쟁자의 상품과 다른 점들을 나열해 보는 것이 그 출발이지요. 장점뿐 아니라 치명적인 단점들까지 함께 정리해 두는 것을 추천합니다. 그중에서 강조할 차별점의 순위를 매겨 1순위의 요소를 찾아내 스토리를 만들어 보는 것입니다.

때론 자사 제품의 두드러진 특징을 활용해 다른 용도와 방식의 사용성을 개발할 필요도 있습니다. 차별화에 대한 고민을 깊게 하다 보면 약점이 곧 강점으로, 부가적인 특징이 핵심적인 특징으로 자리를 잡게 됩니다. 경쟁사의 제품과 동일한 분야에서 1위를 다투는 것이 아니라 아예 다른 카테고리의 개척 상품으로 선두에 서는 새로운 포지셔닝이 가능해질 수도 있겠지요.

새로운 음료의 장르를 열다, 레드불Red Bull

에너지 드링크로 알려진 레드불은 레드불사에서 1987년 출시한 음료입니다. 레드불의 설립자 디트리히 마테쉬츠Dietrich Mateschitz는 태국 방문 중 우연히 TC제약에서 출시한 '끄라팅댕Krating Daeng'이라는 무탄산 카페인 음료를 맛보게 되었는데 그 맛에 반해 창업을 결정했다고 알려졌습니다.

그는 서양인의 입맛에 맞도록 태국 음료 끄라팅댕에 설탕을 줄이고 탄산을 추가했습니다. 그러나 유럽과 미국의 탄산음료 시장은 이미 지배적 사업자의 서열이 정해져 있어 신규 진입이 녹록치 않았지요. 코카콜라, 펩시코, 슈웹스 등 걸출한 회사들이 견고한 고객층을 확보하고 있었기 때문입니다. 게다가 이미 초저가로 판매되는 탄산음료들이 많아 가격을 낮춰 경쟁하기도 어려웠습니다.

결국 후발 주자였던 음료 회사 레드불이 선택할 수 있는 전략은 '기존 탄산음료와의 차별화'밖에 없었습니다. 다른 음료에 비해 카페인을 많이 첨가해 피로 해소(피로를 덜 느끼는) 효과가 있다는 차별점을 강조하기로 했습니다. 레드불은 전략적으로 다른 탄산음료 대비 두 배 이상의 비싼 가격을 붙였습니다.

그리고 '에너지 음료'라 명명한 다음 기존 탄산음료와는 다른 유통 전략을 추진했습니다. 냉장고 자리를 많이 차지하지 않도록 가늘고 길게 캔 모양을 디자인한 후 마트의 냉장고가 아니라 클럽과 술집에서의 유통에 집중하기로 한 것입니다.

주 유통 경로가 클럽과 술집인 이유는 에너지 음료 레드불이 밤새 춤을 추어도 피곤하지 않은 '에너지 보충 음료'라는 마케팅 스토리를 적용하기 위한 것이었습니다. 사람들은 레드불을 술집에서 술을 깨거나 각성을 위한 용도로 마시는가 하면, 술에 섞어 마시기도 했습니다. 예거마이스터Jägermeifter와 레드불을 함께 섞어 마시는 '예거밤'이라는 칵테일이 인기를 누리는 등 술집에서 마시는 탄산음료 '레드불'의 인기는 하늘로 치솟았지요.

에너지 음료 레드불은 클럽을 벗어나 차츰 동일한 효용으로 스포츠 경기장과 수험생들 사이에서 확산됐습니다. 찾는 사람이 많아지자 입점이 어려웠던 마트와 소매점에도 레드불을 진열할 수 있게 됐습니다. 레드불은 스포츠와 클럽, 젊은이들의 축제에 마케팅 비용을 집중적으로 투입하고, 익스트림 스포츠에도 후원을 아끼지 않았습니다. 레드불은 강한 에너지를 불어넣어 준다는 스토리텔링을 이어가려는 전략이었지요. 이윽고 레드불은 전 세계에서 한 해 100억 개 이상의 캔이 팔리며 11조 원의 매출을 이뤄냈습니다.

레드불의 성공에 자극받은 경쟁사들이 핫식스, 몬스터에너지 등을 출시했지만 레드불은 오히려 가격을 낮추지 않고 고가의 정책

을 유지함으로써 '에너지 드링크계의 명품'으로 포지셔닝하는 마케
팅을 추진하고 있습니다. 패키지와 성분은 비슷한 데 반해 가격은
비쌌지만, 여전히 사람들은 원조 격인 '레드불'에 열광하고 있습니
다. 레드불은 차별점을 극대화한 스토리텔링이 포화 상태의 시장에
서도 틈새를 만들고 가격 경쟁력이 아닌 콘텐츠 경쟁력으로 확고한
입지를 다질 수 있다는 것을 보여줍니다.

냉장고의 새로운 오리지널, 김치냉장고 딤채

한국의 주방에는 다른 나라에서 찾아보기 힘든 독특한 제품이 있습니다. 그것은 바로 '김치냉장고'입니다. 한국에는 냉장실과 냉동실을 갖춘 일반적인 냉장고 외에 김치냉장고를 따로 두고 쓰는 가정이 많지요. 김치 역시 냉장식품의 일종일 뿐이지만 한국에서는 김치를 별도의 전용 냉장고에 따로 보관해야 한다는 인식이 어느새 일반 상식처럼 굳어졌습니다.

이 인식 변화의 태동은 만도기계에서 1995년 출시한 김치냉장고 딤채에서 그 연원을 찾아볼 수 있습니다. 그 당시 냉장고 시장은 이미 확고한 강자들이 자리를 잡고 있었습니다. 만도기계도 냉장고를 출시할 계획이었지만 성공을 장담할 수 없었지요. 현실적인 상황을 직시한 만도기계에서는 상품 기획 단계부터 차별화된 전략과 아이디어를 수립하게 됩니다.

그 결과 탄생한 것이 바로 '김치만 보관하는 전용 냉장고'라는 익숙하면서도 새로운 콘셉트의 제품이었습니다. 김치냉장고는 만도기계가 출시하기 이전에도 몇몇 브랜드에서 출시를 시도했었으나 시장에서 큰 반응을 얻지 못한 채 끝을 맺은 아이템이었습니다. 이때까지 고객은 김치를 따로 '전용' 냉장고에 넣어야 할 필요성을 느끼지 못했기 때문입니다.

그러나 만도기계는 주거형태가 단독주택에서 아파트로 급격히 변화하고 있다는 점에 주목했습니다. 마당 한쪽에 김장독을 묻을 수 있는 환경이 사라지고 있었지요. 또 김치는 일반 냉장고의 냉장 온도인 3~5도보다 낮은 1~2도의 일정한 온도를 유지해야만 맛있습니다.

만도기계는 주거형태의 변화와 김치의 보관 특성에 착안해 '사계절 맛있는 김장 김치를 먹을 수 있다'는 스토리텔링으로 김치냉장고를 출시했습니다. 그리고 겨울철 땅속에 묻어 놓은 김장 김치의 맛을 그대로 재현하기 위해서는 별도의 전용 냉장고가 필요하다는 점을 중점적으로 어필하기 시작했습니다. 냉장고의 이름도 김치를 일컫는 옛말 '딤채'를 가져왔습니다.

그리고 그것은 곧 많은 주부의 마음을 움직였습니다. 경제 발전에 따른 생활수준 향상으로 냉장고에 넣을 것이 많아져 부피가 큰 김치는 따로 보관하고 싶은 욕구도 한몫했지요. 다른 대형 가전사 대비 높은 가격에도 불구하고 '김치냉장고=딤채'라는 공식이 굳어졌습니다. 김치냉장고 딤채는 이미 존재하고 있던 시장에 진입하면서 새로운 기획과 콘셉트의 스토리텔링으로 전혀 다른 카테고리를 만들어서 원조로 자리 잡았습니다. 그야말로 차별화 성공의 전형이라 할 수 있지요.

TV를 시청하는 색다른 방식, 스탠바이미

어느 가정에서나 거실을 차지하고 있는 것이 당연하게 여겨졌던 TV의 자리가 위협받고 있습니다. TV를 대신할 수 있는 빔프로젝트는 물론이고 데스크톱, 노트북 컴퓨터와 태블릿, 스마트폰 등 대체 스크린으로 영상 콘텐츠를 즐기는 것이 가능하지요. 개인화가 심화되면서 TV 외의 스크린을 활용하는 것이 더 일반화되고 있습니다. TV를 통해서만 시청 가능했던 전통적인 지상파 방송의 콘텐츠 장악력이 약화된 것도 이유입니다.

유튜브를 비롯해 넷플릭스, 티빙, 웨이브, 디즈니플러스, 애플TV 등의 OTT(Over The Top) 채널이 우후죽순처럼 생기고 있습니다. 공용 공간인 거실에 놓여 있는 TV는 점점 더 설 자리를 잃어가고 있지요. 국내 가전 업계는 선명한 해상도의 대형 TV를 내놓고 있으나 중국 등 값싼 외산 브랜드의 약진 속에 이중고를 겪고 있습니다.

하지만 개인화에 초점이 맞추어진 스마트폰, 태블릿, PC가 TV의 자리를 완전히 대체하기엔 아직 아쉽습니다. 화면이 작고, 영상 시청 기능이나 거치 방식에서 최적화가 덜 되었지요. 스마트폰 콘텐츠의 TV 미러링과 빔프로젝트로 디바이스를 확장하면서 대안을 찾기도 합니다.

이때 차별화된 스토리텔링과 틈새시장을 공략해서 승부수를 던진 제품이 있습니다. 2021년에 출시된 LG전자의 '스탠바이미'가 그것이지요. '프라이빗 스크린private screen'을 표방하는 스탠바이미는

'무빙 스탠드moving stand'라는 디자인 콘셉트를 적용해 벽에 고정된 공용 TV와 작은 화면의 태블릿 모두에 불만을 품고 있던 고객들의 틈새 수요를 정확하게 겨냥했습니다.

27인치(대각선 길이 68cm)의 화면 크기에 터치스크린, 세로 화면, 자유로운 높이와 각도 조절을 지원해 태블릿의 불편함을 해소했습니다. 또 5개의 바퀴와 3시간 무선 재생이 가능한 내장 배터리로 이동성이 생기면서 기존 고정형 TV의 불편함을 개선했습니다. 물론 120개의 라이브채널 지원, 스마트폰 미러링 지원, HDMI와 USB 연결을 통한 게임 지원 등 편의성과 확장성 부여도 잊지 않습니다.

스탠바이미는 TV, PC와는 또 다른 필수 가전으로서의 가능성을 보여줬습니다. 2021년에 진행한 예약판매 초도 물량이 1시간 만에 모두 팔리는 등 인기몰이가 대단했지요. 스탠바이미의 성공에 고무된 LG전자에서는 2023년 아예 캠핑장 활용에 최적화된 'LG 스탠바이미GO'를 선보였습니다. '가방에 넣고 다니는 포터블 스크린'이라는 콘셉트 아래 턴테이블 모양으로 디자인된 제품이었지요. 이 역시 출시되자마자 사전 판매 초도 물량이 10분 만에 완판(완전 판매)되는 기록을 세웠습니다.

스탠바이미가 대체 수단이 많이 존재하는 스크린 시장에서 100만 원이 넘는 고가임에도 불구하고 성공한 비결은 고객이 원하는 라이프스타일에 초점을 맞춘 차별화에 성공했기 때문입니다. 고객의 달라진 삶과 불편 사항을 관찰하고 그것을 스토리텔링으로 녹여낸 성과라고 볼 수 있겠지요.

06

시장 반응에 신속하게 대응하기

일반적으로 기업들은 상품이나 서비스 출시를 앞두고 고객과의 소통을 위한 자료를 준비하는 한편, 고객의 반응을 예견하면서 홍보 전략을 수립합니다. 그리고 그것에 맞추어 스토리텔링을 전개해 나가지요. 하지만 제품의 강점 부각에만 매몰된 나머지 실사용 고객에 대한 조사나 고객 반응에 대한 시뮬레이션에 소홀함으로써 출시 후 예상 밖의 상황에 직면하기도 합니다.

출시 후 직면하게 되는 예상 밖의 시장 상황은 부정적인 반응이나 무관심과 같이 매출에 직결되는 것일 수도 있습니다. 그것은 상품과 서비스 자체의 결함이나 문제에서 비롯되기도 하지만, 고객들이 기업에서 설계한 스토리텔링을 잘못 이해하거나 전혀 이해하지 못해서 일어나기도 합니다.

문제가 상품이나 서비스 자체의 결함에서 비롯됐다면 원인을

제2의 도약을 위한 전환점이 필요한가?

▼

진출한 시장에 대한 지속적인 모니터링, 조사가 가능한가?

▼

차별화 포인트: 시장 반응 대응

찾아 수정하면 됩니다. 하지만 기획된 스토리텔링이 잘못 전달되어 생겼다면 전면적으로 전략을 수정해야 할 수 있습니다. 때로는 제품 패키지와 성격까지도 뒤엎어버리는 결단이 필요합니다.

예상치 못한 고객과 시장의 반응이 있음에도 그것을 묵과하거나 기획자의 의도대로 바로잡으려고만 한다면 문제가 더더욱 커집니다. 그것을 관찰하고 있던 경쟁자에게 더없이 좋은 역전 기회를 제공하게 되는 것은 물론이고 시장의 장악력을 완전히 잃어버릴 수도 있습니다.

현대의 고객은 상품과 서비스 역시 본인의 사고 범주와 입장에서 재해석하고, 다른 방법 또는 용도로 사용해 보려는 경향이 있습니다. 이 경우 출시 의도를 알리려고만 하지 말고 그런 상황이 발생하게 된 배경, 사유와 고객의 의도를 먼저 파악하는 노력이 필요합니다. 상품과 서비스는 고객과의 끊임없는 소통을 통해 완성되는 것이기 때문입니다.

만능 가루 '베이킹소다'와 요리 재료 '갈아 만든 배'

베이킹소다Baking soda는 본래 개발자가 만들어 낸 취지와는 다른 용도로 더 많이 쓰이게 된 제품입니다. 베이킹소다는 본디 제과제빵에서는 빵을 구울 때 부풀리기 위한 용도로, 제면에서는 면을 부드럽게 만드는 용도로 개발됐지요.

그런데 20세기 후반, 베이킹소다가 치은염을 억제하고 치면 세균막 제거, 치석 생성 억제의 효과가 있다는 연구 결과가 있었습니다. 그 이후 구강 세정의 치아 관리 용도로 사용되기 시작했습니다. 그러다 약알칼리성으로 오염물질을 흡착하고 연마하는 능력을 갖춘 것이 알려지자 세탁제로 쓰이기도 하고, 욕실과 주방의 청소 용도로도 사용하게 됐습니다.

베이킹소다는 냄새를 없애는 탈취제나 과일의 표면에 묻은 잔류물을 제거하는 과일 세척제로도 쓰이게 됐지요. 심지어 물에 타서 음료로 마시면 질병을 치료하는 효과도 있는 것으로 알려졌습니다. 이처럼 최초 개발의 목적 용도와 달리 세척 및 청소 용도로 더 많이 쓰이게 되면서 베이킹소다를 제조, 판매하는 기업들의 대고객 스토리텔링에도 변화가 생겼습니다.

©암앤해머(armandhammer.com)

©암앤해머(armandhammer.com)

미국 시장 점유율 1위의 베이킹소다 브랜드 암앤해머Arm&Hammer
에서는 대용량의 베이킹소다 제품을 출시하면서 더 이상 그 중심을
요리에 두지 않았습니다. 식품과의 연관성이라면 본래 식품 첨가물
이었기에 인체에 안전하며 친환경적이라는 장점을 부각하는데 사
용될 뿐이었죠. 암앤해머는 시장의 변화를 재빨리 캐치하고 '베이
킹소다'라는 명칭을 제외한 커뮤니케이션 내용과 기법, 용량, 포장
까지 모두 바꾸는 탄력적 대응으로 시장에서의 확고한 지위를 확립
할 수 있었습니다.

베이킹소다만큼 파격적인 변신을 한 것은 아니지만 국내에서도
고객들에 의해 본래의 사용 목적에서 벗어나 활용법이 넓혀진 상품

이 있습니다. 1996년 해태음료에서 출시한 음료 '갈아 만든 배'가 그 주인공입니다. 갈아 만든 배는 과일 음료 붐이 일던 시기 출시된 사과, 복숭아 등 과일을 갈아 넣은 음료 시리즈 중의 하나였습니다. 시리즈 음료 중 갈아 만든 배는 어느 순간 고객들 사이에서 새로운 활용법이 생겨나기 시작했습니다.

한국의 전통 음식 중에는 불고기 같은 고기 절임 요리나 새콤달콤한 맛의 무침 요리가 많이 있습니다. 레시피를 찾아보면 유독 배즙을 사용해야 하는 경우가 많지요. 그렇지만 배는 금방 상해버려 오래 냉장보관하기 어려울 뿐 아니라 소량 사용을 위해 배를 깎고 즙을 내는 과정도 여간 번거로운 것이 아니었습니다.

이때 소비자들 사이에서 배즙의 대용품으로 떠오른 것이 바로 음료 갈아 만든 배였지요. 실제 배의 함량이 그렇게 높지는 않았지만 배 알갱이가 씹히며 배즙과 똑같은 맛을 냈기 때문에 훌륭하게 배즙의 역할을 대신할 수 있었습니다. 가격 또한 실제 배보다 훨씬 저렴했고 대용량으로 구매해 냉장고에 오랫동안 보관하며 쓸 수 있다는 장점도 있었습니다.

현대인을 위한 간편 요리 레시피가 인기를 끌면서 '갈아 만든 배'는 각종 레시피 책자에서 배즙을 대신할 수 있는 것으로 각광받았습니다. 각종 방송에서도 요리 재료 '갈아 만든 배'를 공공연히 홍보하는 일이 생겨났습니다. 갈아 만든 배는 하나의 요리 비법으로 자리를 잡아갔고 그보다 일찍 나온 시리즈 음료에 비해 월등히 높은 판매고와 인기를 누리고 있습니다.

이처럼 고객들이 상품 출시 때의 의도와 달리 다른 용도로 상품을 이용할 때는 옛 콘셉트를 고수할 것이 아니라 그것을 받아들이고 스토리텔링의 기회로 삼아야 합니다. 이 기회를 타고 상품과 서비스는 진화할 것이고 또 다른 확장의 계기를 얻을 수 있기 때문이지요.

러시아의 국민 라면이 된 팔도 도시락

'도시락'은 1991년 러시아에 진출한 팔도의 용기라면입니다. 도시락은 러시아에서 국민 라면으로 불리며 시장 점유율 60%를 상회하는 성공을 거두고 있습니다. 2022년의 팔도의 러시아 법인 매출액은 4,915억 원으로, 전년 대비 62% 넘게 증가하면서 사상 최대의 실적을 내기도 했습니다.

팔도의 용기라면 도시락이 러시아에서 오랫동안 큰 인기를 끌고 있는 비결은 무엇일까요? 기민하게 시장 반응을 파악하고 발빠르게 대응한 전략과 스토리텔링에 의한 것이라 할 수 있습니다. 다음 장에 소개될 '우연히 찾아온 기회'를 놓치지 않고 현지화 전략과 연결 지어 성공을 이룬 케이스이기도 합니다.

러시아에서 불꽃처럼 일어난 도시락 용기라면 신화의 시작은 사각형 모양 용기에서 비롯되었다는 말이 있습니다. 둥그렇게 생긴 다른 용기라면과 다르게 도시락은 사각형 모양이지요. 1990년대

초 부산항에 입항한 러시아 선원들은 식료품과 생필품을 사서 고국으로 돌아가곤 했습니다. 이때 공간이 충분치 않은 배 안에 많은 양을 적재하기엔 사각형의 용기가 유리했는데, 사각형의 용기면은 팔도의 '도시락'이 유일했기에 인기를 얻게 되었다는 것입니다.

그러나 팔도의 성공 신화는 러시아에서 '도시락'의 인기를 감지한 팔도의 발 빠른 움직임이 있었기에 가능했습니다. 팔도는 진출 초기부터 현지에 공장을 세우고 현지인의 입맛과 생활 습관을 고려한 '도시락'의 현지화에 착수했습니다. 러시아인은 매운 맛과 소고기 국물 맛에 익숙하지 않았습니다. 그래서 많은 러시아인은 매운 맛인 도시락 라면에 마요네즈를 섞어 먹었지요.

팔도는 이런 시장의 반응을 빠르게 받아들였습니다. 한국에서는 전혀 시도조차 하지 않았던 마요네즈가 들어간 도시락 용기라면을 내놓는가 하면, 소고기 대신 닭고기 국물 베이스의 제품을 포함한 6종의 현지화 도시락 용기라면을 출시했습니다. 젓가락질을 못하는 현지인들을 위해서 플라스틱 포크를 용기 안에 포함하기도 했습니다. 팔도 도시락의 성공은 철저하게 현지인의 입맛과 생활 습관에 맞춘 마케팅의 승리인 것이지요.

1998년 러시아는 국가 부도라 할 수 있는 '지급유예(모라토리엄)'을 선언했습니다. 러시아에서 많은 외국기업이 철수했지만, 팔도는 반대로 재료 수급과 생산의 현지화에 더욱 박차를 가하며 러시아의 국민 속으로 파고들었습니다. 러시아 정부와 국민들은 이때를 기점으로 팔도를 의리 있는 친러시아 브랜드로 생각하게 됐습니다.

팔도는 자사의 제품이 먹히는 시장에서 이윤을 추구한 것이지만, 이것이 의리를 지키며 현지인을 존중하는 모습으로 스토리텔링되면서 팔도 도시락의 위상과 점유율을 높여갈 수 있었습니다. 한동안 인기를 얻었다가 반짝하고 사라지는 제품과 브랜드가 난립하는 현대 시대입니다. 러시아라는 낯선 시장에서 팔도 도시락이 이름을 알리고 큰 성공을 거둔 것은 이러한 마케팅 파워가 있었기에 가능했습니다.

시장을 관찰하고 탄력적인 대응으로 관계를 유지하는 것은 곧 고객과 대화로 만들어가는 스토리텔링 그 자체입니다. 팔도 도시락의 사례는 스토리텔링의 본질이 가져온 승리인 셈이지요.

07

우연히 발견한 기회 활용하기

비의도적인 발견이 소비자의 흥미를 유발하고 비의도적인 발견으로 개발된 상품에 대해 소비자인 고객의 선호도가 높아진다는 연구결과가 있습니다. 이 연구에서는 한 보석 회사 브랜드의 온라인 사이트로 실험을 진행했는데 세 개의 서로 다른 그룹에게 각기 다른 정보의 사이트를 보여줬다고 합니다.

한 그룹에게는 브랜드에서 취급하는 일반적인 보석, 가공품에 대한 정보, 홍보 이미지를 담백하게 전달했습니다. 다른 한 그룹에게는 보석 회사가 사업을 위해 금광을 의도적으로 발견(발굴)했고, 해당 금광에서 나오는 금으로 보석을 만들어 판다는 내용을 전했습니다. 그리고 마지막 그룹에게는 금광이 의도치 않게 발견되었고 창업자가 우연히 발견하게 된 금광의 금으로 보석 사업을 시작했다는 내용을 전달했습니다.

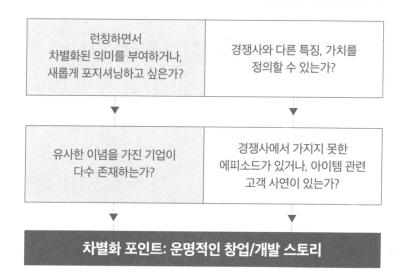

실험의 결과 마지막 그룹인 금광이 의도치 않게 발견되었다는 정보를 접한 소비자 그룹이 나머지의 두 그룹보다 해당 사이트를 통한 쇼핑에 월등히 높은 관심도를 보인 것으로 나타났습니다. 이런 종류의 실험은 여러 곳에서 진행되었는데 의도치 않은 사업 아이템의 발견과 사업화가 소비자에게는 의도적으로 기획되어 진행된 사업보다 더 가치 있는 것으로 받아들여진다는 결론을 낼 수 있었다고 합니다.

사람들은 본인이 사용하는 제품에 창업 또는 탄생 스토리가 있을 경우 큰 호감을 가집니다. 그 스토리가 '우연한 발견'과 같은 극적인 요소를 가지고 있을 경우 더 큰 흥미와 구매 욕구를 갖게 됩니다. 스토리텔링의 소재를 찾고 스토리를 만들 때는 상품·서비스·브랜드의 시작에 어떤 이야기가 숨어 있는지, 그리고 원재료가 있다면 그것이 어떻게 발굴되었는지를 깊이 있게 알아보고 접목할 것들을 찾아봐야 합니다. 그러나 진짜가 아니라, 기업의 우연을 가장한 의도적 우연이었다는 사실이 밝혀지거나 가식적인 요소가 드러나면 반대로 역풍을 맞을 수 있으니 유의해야 합니다.

행운의 상징이 된 지포라이터Zippo Lighter

1932년 미국인 조지 블레이스델George G. Blaisdell은 펜실베이니아주 브래드포드에서 지포 매뉴팩처링 컴퍼니Zippo Manufacturing Company를 세우고 회사명과 동일한 '지포라이터'를 만들어 출시했습니다. 그러나 지금의 명성과 달리 출시 초기 지포라이터의 인기는 시들했지요.

이유는 임코라이터IMCO Lighter라는 제품이 그 이전에 개발되어 광범위한 인기를 끌었기 때문입니다. 바람을 막는 방풍 기능을 장점으로 하는 오일라이터 '임코'는 1차 세계대전을 통해 유럽 전역으로 퍼졌고, 후발 주자였던 지포라이터는 뚜껑과 하단에 경첩을 달았다는 외형 외엔 특별한 주목을 받지 못했습니다.

그러나 제2차 세계대전이 일어나면서 판도가 바뀌었지요. 1942년 민간 판매 대신 군수품 공급으로 타깃을 바꾼 지포의 전략이 맞

아떨어졌습니다. 뚜껑이 있어 오염에 강하고 진흙과 오물투성이 환경의 전장에서도 불이 잘 붙는 특성이 한몫했습니다. 지포라이터는 한번 불을 붙이면 바람이 불어도 쉽게 꺼지지 않았습니다. 특히 폭약에 불을 붙이기 위해 투척하는 용도로 활용됐지요. 지포는 내구성과 견고함으로 품질에서 점차 인정을 받았습니다.

그러던 중 지포를 세계적인 라이터로 성장시킨 신화 같은 스토리가 우연하게 생겨났습니다. 전쟁에 참여한 미 육군 중사 안드레즈가 적군과의 교전 중 적이 쏜 총탄에 가슴을 맞는 일이 생긴 것이지요. 그렇지만 놀랍게도 안드레즈는 큰 부상 없이 목숨을 건질 수 있었습니다.

다름 아닌 상의 주머니에 넣어 놓은 지포라이터 덕분이었습니다. 총알은 안드레즈의 가슴에 명중되었지만 튼튼하게 제작된 지포라이터에 박혔고 무사할 수 있었습니다. 이런 일화는 유명 잡지에 실리고 광고에 인용되면서 지포라이터의 인기에 불을 지폈습니다. 전쟁에 참전하는 병사들은 안드레즈가 그랬던 것처럼 지포라이터를 생명을 지켜주는 부적 같은 것으로 생각하게 됐습니다.

이후 미군을 비롯해 전 세계의 군인에게 지포라이터는 언제 어디서나 가슴에 휴대해야 하는 필수품이 되었지요. 안드레즈 중사의 일화로 인해 단순히 담뱃불을 붙이는 도구가 아니라 전장에서 목숨을 지켜주는 수호신 같은 이미지로 스토리텔링 된 것입니다.

지포는 이런 남다른 감성 전달의 기회를 놓치지 않았습니다. 지포는 라이터의 표면에 다양한 문양과 상징을 새겨 넣어 병사들이 느끼는 부적의 상징성을 더욱 강화시켰지요. 나아가 라이터에 소유자의 이름이나 출신 지방, 단체의 상징을 새겨 넣는 것이 유행하게 되었는데 이를 통해 라이터와 개인의 일체감은 더욱 공고하게 굳어졌습니다.

군인들로부터 인기를 얻은 지포라이터는 이후 군대와 전혀 관련이 없는 남성들에게까지 특별한 액세서리의 존재로 인식되어갔습니다. 지포는 전 세계 160개 국가에서 다양한 스타일의 모습으로 판매되었고 5억 개 판매 기념 세리머니까지 펼치게 됐지요.

라이터는 최근 전자담배와 금연 열풍에 따라 위기를 겪고 있는 아이템입니다. 하지만 여전히 지포는 오리지널 라이터의 상징으로 명성을 이어가고 있으며, 그 이미지를 남성 중심의 라이프스타일 액세서리와 아웃도어 화염 제품으로 고스란히 옮겨 사업 영역을 확대하고 있습니다.

고객이 붙인 애칭 코크와 셰비, 그리고 기업이 직접 붙인 월리

우연한 발견과 생성 중에는 창업자에 의한 우연한 발견과 창업 동기의 스토리도 있으나 소문, 일화, 이용 후기 등 고객에 의해 우연히 만들어진 이야기들도 있습니다. 특히 고객들 사이에서 의도치 않게 만들어지는 상품과 서비스에 대한 애칭을 빼놓을 수 없지요.

사람들은 코카콜라를 주문할 때 '코크(Coke)'라는 말을 사용합니다. 하지만 이 애칭은 코카콜라에서 의도적으로 기획해 만들어진 애칭이 아니었습니다. 언제부턴가 소비자 사이에서 코카콜라를 '코크'라 줄여 부르던 것이 점차 확산되면서 정식 명칭처럼 통용되고 있는 것입니다. 코카콜라에서는 심지어 1913년 자신들이 정한 상품의 브랜드를 정확하게 부르지 않는 고객들을 향해, '코카콜라'라는 이름 전부를 정확하게 불러 달라며 광고 캠페인까지 전개했습니다. 코크가 기업 '코카콜라'로서는 의도하거나 원하던 상품명이 전혀 아니었다는 말이지요.

이러한 애칭에 힘입었는지는 몰라도 코카콜라 즉 '코크'는 전세계에서 가장 많이, 가장 오래 팔리는 청량음료로 각광을 받고 있습니다. 애칭이 자연발생적으로 생성되고 퍼져 나간다는 말은 그만큼 제품에 대한 고객들의 관심과 애정이 깊다는 것을 의미합니다. 따라서 애칭이 생기고 많은 사람이 그렇게 부른다는 것은 곧 제품의 성공과 유기적인 관계에 있다고 볼 수 있지요.

이와 유사한 또 다른 사례로는 미국의 자동차 브랜드 셰보레 Chevrolet를 들 수 있습니다. 고객들은 어느 순간부터 셰보레를 '셰비(Chevy)'라는 애칭으로 부르기 시작했습니다. 셰보레에서는 브랜드 일관성을 위해 '셰비'라는 애칭 사용을 내부적으로 엄격히 금지하기까지 했지요. 하지만 소비자들은 코카콜라의 코크와 마찬가지로 그런 정책을 따르지 않았고 결국 셰보레에서도 이 애칭을 받아들일 수밖에 없었습니다.

충성 고객의 확보와 확산의 관점에서 애칭이 일반화되는 것은 환영할 일입니다. 이 애칭이 스토리텔링의 주요 소재로 활용할 수 있는 귀중한 자산이라는 점을 놓쳐서는 안 되지요. 역설적으로 이런 효과를 의도적으로 사용하려다 실패한 기업도 있습니다. 월마트는 자신의 브랜드를 친근감 있게 널리 알리려는 목적으로 스스로 '월리(Wally)'라는 애칭을 만들어냈지요. '코크'와 '셰비'처럼 되기를 바라는 마음으로 여러 광고와 홍보 매체에서 '윌리'를 사용했습니다. 그러나 애칭이 고객의 선호도에 긍정적인 영향을 주리라는 예상과 달리, 구매 의향은 역주행해 10퍼센트 하락했다는 조사 결과가 나왔습니다.

애칭은 소비자 즉 고객들한테서 나오고 사용 주체 역시 기업보다 소비자 자신들이어야 효과가 있다는 사실을 여실히 보여주는 사례이지요. 상품, 서비스, 브랜드에 애칭을 만들어 활용하고자 하는 기업이라면 애칭을 직접 만들어주는 것보다 소비자들에게서 나올 수 있는 환경과 동기를 부여해 주는 것이 필요합니다.

친구 선물로 손목시계를 만들어낸 까르띠에

1847년, 보석 세공사 루이 프랑수아 까르띠에Louis-Francois Cartier가 프랑스에 설립한 '메종 까르띠에Maison Cartier'는 최초 보석 전문 상점으로 문을 열었습니다. 주로 귀족층을 상대로 이름을 알려가던 고급 보석상 까르띠에는 1902년에 영국 런던과 미국 뉴욕에까지 매장을 확장했지만, 보석 외에 다른 제품을 다룰 생각은 하지 못했지요. 보석 세공품만으로도 큰 이익과 명성을 얻어가고 있었기 때문입니다.

그러던 중 루이 까르띠에는 '알베르토 산토스 뒤몽Alberto Santos Dumont'이라는 브라질 태생의 비행사를 친구로 두게 됩니다. 산토스는 유럽 최초로 공개 비행에 성공한 인사로 유명세가 대단한 인물이었습니다. 어느 날 산토스가 친구인 까르띠에게 자신의 고충을 털어놓았습니다. 그것은 비행하는 도중 시간을 확인하려 할 때마다 주머니에 넣어 둔 회중시계를 꺼내 보는 것이 너무 불편하다는 것이었지요. 당시에는 남성들이 갖고 다닐 수 있는 휴대용 시계는 주머니에 넣고 다니는 회중시계가 전부였습니다.

고충을 들은 까르띠에는 주머니에 넣는 회중시계 대신 시계에 멋스러운 줄을 달아 손목에 감아 차는 산토스만의 시계를 만들어 선물했습니다. 이것이 1904년 세계 최초로 만들어진 까르띠에의 손목시계입니다. 산토스의 손목시계는 비행 중 언제나 시간을 확인할 수 있는 편리함을 지녔을 뿐 아니라 당시로는 고가였던 시계에 대한 과시 욕구를 표출할 수 있는 만족스러운 물건이었습니다.

보석상이었던 까르띠에는 손목시계를 세계 최초로 상용화했고 그 인기에 힘입어 장신구 쪽으로 사업 영역을 확대했습니다. 다양한 라인업의 남녀 손목시계는 인기를 얻었고 까르띠에의 명성은 더 커졌지요. 산토스 뒤몽 라인의 까르띠에 손목시계는 1,000만 원에 이르는 고가에도 불구하고 120년이 지난 지금까지 세계인의 사랑을 받고 있습니다.

친구의 불편을 해소하기 위해 우연히 발명한 손목시계가 전 세계인들의 필수 장신구로 발전할 수 있었던 것은 까르띠에가 중요한 발견의 포인트를 놓치지 않고 기능과 멋이라는 두 마리 토끼를 잡고자 노력했기에 가능했습니다. 명품 시장에서는 다른 어떤 곳에서보다 제품에 어울리는 품질, 디자인과 더불어 명품으로 인정받을 만한 탄탄한 스토리가 갖춰져 있어야 합니다. 까르띠에는 보석으로도 인정을 받고 있지만 '세계 최초'의 손목시계를 만들어낸 원조라는 타이틀도 있습니다.

더구나 그 시작이 친구를 위해서였다는 '우정의 스토리'까지 가미되면서 스토리의 구성이 더욱 알차졌지요. 이렇게 까르띠에는 다른 명품 시계 브랜드에서는 도저히 따라잡을 수 없는 독보적인 위치를 확보할 수 있었습니다.

PART 4

스토리텔링 전략 세 번째,

고객 끌어들이기

스토리텔링 기법의 세 번째 카테고리 '고객 끌어들이기'는 스토리텔링의 청자이자 마케팅의 대상이라고 할 수 있는 고객으로 이야기의 중심을 이동하는 기법입니다. 기업이 전달하고 싶은 메시지를 일방적으로 주입하는 것이 아니라 고객을 이해하고, 고객의 입장에서 이야기를 발굴하고 메시지를 만들며, 고객의 목소리로 스토리를 소통하는 것이지요.

비즈니스 스토리텔링에서는 무엇보다 타깃이 되는 고객에 대한 이해가 선행되어야 합니다. 고객을 체계적으로 분류하고 각 고객의 특성과 심리 상태, 생활방식과 같은 정보까지 세밀하게 파악하는 것이 필요합니다. 자세한 고객 분석 방법은 마지막 장의 '타깃 고객 설정하기'에서 더더욱 자세하게 풀어내겠습니다.

'고객 끌어들이기'에는 고객의 잠재적 욕구, 불만, 불안을 파악하고 그것을 해결하는 것에서부터 주기적으로 흥미를 자극하는 것까지 다채로운 방법이 포함되어 있습니다. 나아가 새로운 시장에서 고객을 발굴하고 그 특성에 맞춘 스토리를 개발하는 것도 이 카테고리에 포함되지요.

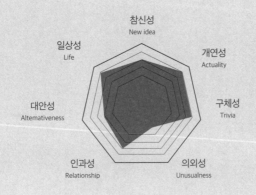

01

고객 관점으로 이야기 중심 이동하기

$\times$

상품과 서비스를 새로 개발해 낸 기업은 출시에 앞서 어떻게 하면 고객들에게 결과물의 우수성을 잘 전달할 수 있을지에 대해 골몰하게 됩니다. 자신의 결과물이 비슷한 부류의 경쟁사 것들보다 얼마나 더 우수하고 특별한 것인지, 고객을 설득하는 다양한 방법들을 찾게 되지요. 생산자 중심의 논리로 만들어진 기업의 이야기를 일방적으로 전달하기보다는 우선 고객의 입장으로 관점을 바꿔 냉철하게 자사의 상품과 서비스를 바라봐야 합니다.

상품 기획자로서는 멋있고 아름답고 최고로 높은 성능의 제품을 만들고 광고하고 싶겠지요. 그러나 지극히 평범하더라도 쓰기에 편리하고 가격이 적당하며 지나치게 과하지 않은 성능의 제품이 고객의 입장에서는 더 신뢰가 갈 수 있습니다. 그 결과로 선택받을 수 있다는 점을 생각해야 합니다. 공급자가 아닌, 철저하게 고객의 입

거래 이력은 있지만 이탈 가능성 높은 얼리어답터 고객

고객 가치: 고객 관점의 이야기

장에서 이야기를 만들어 스토리텔링을 전개하는 것만으로도 훌륭한 마케팅 전략이 될 수 있습니다.

기능성 화장품을 마케팅할 때 이미 충분히 아름다울 뿐 아니라 선천적으로 좋은 피부를 타고난 스타 연예인을 모델로 기용한 광고만이 해답일 수 없습니다. 피부 트러블로 어려움을 겪고 있는 지극히 평범한 또래 일반인이 남기는 사용 후기 하나가 더 큰 영향력을 발휘할 수 있지요. 어떤 때는 스타 마케팅보다 일반인들을 활용한 바이럴 마케팅이 구매 버튼을 누르게 만드는 데 더 결정적이고 직접적인 동기 부여를 끌어낼 수 있습니다.

기업 관점에서 마케팅 전략을 세울 때, 오랫동안 4P의 관점이 주요 판단 기준이 되어왔습니다. 제품(product), 유통(place), 가격(price), 판촉(promotion) 전략만 잘 세우면 성공할 것이라고 평가했죠. 하지만 그것은 어디까지나 단기적인 기업의 이윤과 가치를 증대시키기 위한 관점입니다.

중장기적인 성장을 위해서는 소비자인 고객 중심으로 전략을 수정하고 스토리를 다르게 만들어야 합니다. 고객의 이야기를 하는 것이 스토리텔링 마케팅의 관점에서 더 쉽고 강력하며 지속 가능한 방법이 될 수 있기 때문입니다.

고객 중심의 스토리텔링 마케팅은 4P보다 4C의 관점을 기반으로 할 때 견고한 전략 수립이 가능합니다. 고객이 제품을 통해 얻게 되는 가치(customer value), 편리성(convenience), 그리고 지불 비용(cost to customer)과 소통(communication)이 바로 그것입니다. 4C의 관점에서 접근하다 보면 고객들에게 들려주어야 할 고객 관점의 이야기 주제와 강조점이 더 쉽게 눈에 보입니다.

이렇게 스토리를 만들고 소통하게 된다면 상품과 서비스, 브랜드는 이전과 다르게 고객과의 유대감과 결속력을 가진 것으로 거듭날 수 있습니다. 만약 그것이 새로운 상품이라면 시장 안착이라는 과제 또한 더 빠르게 달성할 수 있지요.

관점의 변화로 성공한 나이키의 'Just Do It'

나이키Nike는 품질 관리와 디자인의 우수성으로 널리 알려져 있지만 다양한 스토리텔링 기법을 사용해 마케팅을 잘하는 스포츠 브랜드이기도 합니다.

1964년에 블루리본 스포츠Blue Ribbon Sports라는 이름으로 설립된 나이키는 초기에 스포츠 스타들이 신는 러닝화로 이름을 알렸습니다.

하지만 블루리본 스포츠 시절만 해도 다른 경쟁사들이 따라오지 못할 정도의 존재감은 아니었지요. 그러나 1984년 NBA 스타 마이클 조던Michael Jordan과 마케팅 계약을 체결하고 1988년 슬로건이자 나이키의 상징적인 스토리 언어인 'Just Do It'을 탄생시키며 본격적인 스포츠 마케팅 기업으로의 변모를 꾀합니다.

훗날 나이키의 설립자 필 나이트Phil Knight는 성공을 거둔 비결에 대해 "나는 나이키의 강점이라고 생각했던 제품 디자인과 생산을 넘어 고객과 브랜드로까지 시야를 확장해야만 성공으로 나아갈 수 있다는 것을 깨달았다"고 고백합니다. 그의 말은 제품 자체의 우수성은 물론이고, 그 위에 고객과의 지속적인 관계를 이어주는 브랜드 스토리가 있어야 함을 강조한 것이지요.

나이키는 블루리본 스포츠 시절부터 유명 스포츠 스타에게 신겨 그들의 명성을 차용하는 '스타 중심의 스토리 마케팅'을 진행했었습니다. 그런 스토리는 유명 선수의 명성에 힘입은 후광 효과로 초기 브랜드와 제품의 우수성을 알리는 데는 성공할 수 있었습니다. 하지만 역설적이게도 그것이 곧 대량 판매로 이어지지는 못했지요. 사실 고객들 입장에서는 마라톤 우승자들이 신는 전문 러닝화를 굳이 일반인이 신을 이유는 없다고 생각할 수 있습니다.

마이클 조던과의 계약 초기에도 상황은 다르지 않았습니다. 나이키는 마이클 조던 같은 초대형 스포츠 스타가 신는 신발이라고 스토리를 전개하면 대중인 소비자들도 열광하며 그것을 구매하리라 생각했지요. 하지만 고객들은 스타가 신는 고가의 신발을 선뜻

자기 것으로 받아들이지 못했습니다.

그러던 중 1980년대 중반, 변화의 탄생을 예고한 것이 에어조던 Air Jordan 시리즈의 농구화였습니다. 에어조던 농구화는 스타의 이름이 들어간 제품이었지만, 그전의 고가 농구화들과는 매우 달랐습니다. 마이클 조던만을 위한 농구화가 아니었기 때문입니다. 미묘한 차이지만 메시지가 '마이클 조던이 신는 운동화'에서 '신으면 누구나 마

©나이키(nike.com)

이클 조던이 될 수 있는 운동화'로 바뀐 것이지요.

나이키는 일반인도 신으면 마이클 조던처럼 농구할 수 있노록 푹신한 에어쿠션을 장착하고 일반인들이 좋아할 색감과 맵시의 운동화를 출시했습니다. 심지어 에어쿠션으로 인해 NBA는 경기에서 선수들의 에어조던 농구화 착용을 금지할 정도였습니다. 그럴수록 일반인 사이에서 에어조던의 인기가 하늘로 치솟았습니다.

에어조던의 출시 이전과 이후에는 일견 작아 보이지만 큰 차이와 변화가 있었습니다. 스타의 이름을 땄지만, 이야기의 중심이 스타에서 소비자인 고객으로 이동했다는 것이지요. 1988년 처음 선포된 'Just Do It'이라는 슬로건은 바로 '그들처럼 되는 것이 어렵지 않으며 단지 시도하는 것만으로도 그들이 될 수 있다'는 메시지를 함축적으로 나타내는 말이었습니다.

나이키는 동경하는 스타의 신발 브랜드에서 '나를 나아지게 하는 스포츠 브랜드'로 변모에 성공했습니다. 혹시 스타 마케팅을 펼치고 인지도를 높였지만 좀처럼 큰 수익은 올리지 못하고 있나요? 나이키와 같은 관점으로 변화해 보는 것은 어떨까요. Just Do It.

맛과 건강 모두 잡고 싶은 MZ세대 겨냥한 제로슈가 트렌드

1980년대 초~2000년대 초 출생한 밀레니엄 세대와 Z세대를 통칭하는 MZ세대가 시장의 주요 고객으로 등장했습니다. 이전까지 젊은이들을 타깃으로 한 식음료 제품은 오로지 맛이 좋으면 충분했습니다. 건강을 생각하는 음식과 가볍게 즐기는 음식은 그 경계가 명확했지요. 기존의 젊은이들이 선호했던 가볍게 즐기는 음식은 다소 건강에 이롭지 않더라도 입이 즐겁기만 하면 그만이라는 생각이 지배적이었습니다.

그러나 MZ세대는 뭔가 다릅니다. MZ세대는 본인 만족도 중요하지만, 음식 하나도 맛보다는 '자기 관리에 도움이 되는 것'을 선택하는 뚜렷한 주관을 가지고 있습니다. MZ세대는 소위 '미친 폼'을 만들기 위해 노력을 게을리하지 않지요.

식음료 업체들은 이러한 MZ세대와 눈높이를 맞추기 시작했습니다. 대표적인 경향이 제로슈가Zero Sugar 탄산음료의 출시입니다. 콜라, 사이다와 같은 탄산음료는 젊은이들이 좋아하지만 결코 건강과는 가까워질 수 없는 식품군이었지요. 하지만 탄산음료 기업들은 덜 해로운, 마셔도 양심의 가책을 줄일 수 있는 제로슈가 제품군을 내놓고 MZ세대 공략에 나섰습니다.

전략은 맞아떨어졌습니다. 항상 건강을 생각하고 그것을 잣대로 선택하지만, 탄산음료를 포기할 수 없는 MZ세대를 겨냥한 제로슈가 음료들이 인기몰이하고 있습니다. 코카콜라와 칠성사이다의 검은 뚜껑(제로슈가를 나타내는 표식) 음료는 매출이 뛰었고, 펩시코의 제로슈가 제품인 '펩시 제로 라임'은 출시 1년 반 만에 누적 판매량 3억 1,000만 캔을 돌파했습니다.

펩시코는 비슷한 성공 사례가 하나 더 있습니다. 펩시코는 건강을 챙기는 소비자의 심리를 면밀히 파악한 끝에, 인도 시장에 성공적으로 자리 잡았지요. 코카콜라에 밀려 만년 2위에 머물던 펩시콜라의 펩시코PEPSICO는 2006년, 인도계 CEO 인드라 누이Indra Nooyi가 임명되면서 큰 변화가 생겼습니다. 그의 부임 후로 매출액과 시가총액에서 코카콜라를 크게 앞지르게 된 것입니다.

이 변화는 펩시코가 정크푸드(패스트푸드와 인스턴트식품을 통틀어 이르는 말)로 분류되던 탄산음료 시장의 한계를 일찍이 깨달은 것에서부터 시작됐습니다. 펩시코는 보유하고 있던 타코벨Taco Bell, 피자헛, KFC 같은 패스트푸드 사업을 과감히 정리했습니다. 그리고는 트로피카나Tropicana를 인수하며 건강에 이로운 음료와 스낵 사업에 투자를 아끼지 않았습니다. 그리고 곧 소기의 성과를 이루어냈지요.

펩시코의 이런 전략은 일찍이 인도 시장에서 코카콜라를 밀어냈을 때도 사용됐습니다. 인도는 인구수가 중국을 앞설 정도로 잠재력이 큰 나라였습니다. 그러나 소비자인 대다수 국민의 소득은 매우 낮았지요. 코카콜라는 저가의 탄산음료인 콜라가 소득이 낮은 인도의 소비자들에게도 생활 속에 함께하는 기호식품으로 자리를 잡을 것이라 예상했고 그렇게 마케팅 전략을 펼쳤습니다.

그러나 펩시코의 생각은 달랐습니다. '가난하다고 해서 언제까지 건강을 해치는 정크푸드만 찾을 수는 없다'는 것이 펩시코의 생각이었지요. 펩시코는 인도의 자사 브랜드 레하르Lehar를 통해 탄산음료 가격으로 철분이 들어간 에너지 음료를 출시했습니다. 비교적 저소득층 인구가 많은 인도 소비자들은 펩시코의 '철분 에너지 음료'에 빠져들었습니다. 소비자들이 같은 값이면 음료만은 건강을 생각한 것으로 선택하려 했기 때문이었습니다.

인도의 '철분 에너지 음료'에 대한 선호는 곧 펩시코의 모든 상품에 대한 선호로 이어졌습니다. 콜라 시장에서도 코카콜라를 제치고 펩시콜라가 제1의 브랜드로 떠오르게 된 것입니다. 소비자들 속으로 깊숙이 들어가서 소비자들이 진정으로 필요하고 원하는 것이 무엇인지를 관찰해낸 펩시코 전략의 완벽한 승리였습니다. 고객 중심으로 관점을 변경하고 핵심을 파헤친다면 언제나 시장 상황은 역전이 가능하다는 것을 보여준 사례라 할 수 있습니다.

소비자가 맛과 건강을 모두 챙기는 기조는 이제 전통적인 탄산음료 시장에만 국한되지 않습니다. 커피믹스와 각종 차에도 제로슈가라는 부제가 흔하게 붙습니다. 설탕 범벅이라 여겨지던 초콜릿, 쿠키, 케이크, 아이스크림, 젤리, 껌, 사탕마저도 제로슈가 제품이 속속 등장해 인기를 누리고 있지요. 롯데칠성음료에서는 소주에 제로슈가 개념을 도입한 '처음처럼 새로'를 출시해 폭발적인 소비를 이루어가고 있습니다.

사실 설탕의 대체품인 인공감미료가 장기간 섭취해도 건강에 해롭지 않을지는 아직 확실히 밝혀지지 않았습니다. 제로슈가 제품 기업들은 '건강'이라는 키워드를 연결해 스토리를 만들어 이미지를 팔았고 고객은 그것에 반응하고 있는 것이지요. 즉 인공감미료로 단맛을 대체한 '제로슈가' 제품들이 건강에 이롭다고 단정할 수 없다는 말입니다.

하지만 인도의 사례와 마찬가지로 MZ세대의 제로슈가 열풍은 타깃 고객들이 맛을 즐기고 싶지만, 걱정하고 원하는 가치가 건강이라는 것을 재빨리 파악하고 그것을 중심으로 이야기를 풀어 유행을 선도할 수 있었습니다. 제로슈가 제품 사례들은 기존 사업을 포기하거나 큰 방향 전환을 하지 않고, 고객의 취향과 기호를 반영해서 전혀 다른 시장을 창출할 수 있다는 것을 보여줍니다.

02

고객의 숨은 욕구 발굴하고 충족시키기

마케터가 하기 쉬운 실수 중 하나는 자신이 세운 컨셉과 마케팅 기법으로 고객의 구매 욕구를 얼마든지 조정하고 리드할 수 있다고 자신하는 것입니다. 흔히 여성의 핸드백은 최대한 고급스럽게 고가의 명품으로 포지셔닝해야 하고 전자 제품은 최고의 사양으로 만들어야 한다는 것, 또는 경쟁사보다 먼저 당대의 최고 스타를 모델로 기용해 입지를 다져야 한다는 식의 공식과 계산이 있지요.

그렇지만 모두가 수학 공식처럼 정해진 방향으로 한결같이 마케팅을 진행한다면 그 효과는 생각보다 미미할 것입니다. 목적하는 '차별화'도 이룰 수 없게 됩니다. 고객에게 충족되지 못한 욕구가 있는지를 먼저 파악해야 합니다. 상품과 서비스의 기획, 마케팅에 있어서 무조건 최고만을 추구할 것이 아닙니다. 경쟁사들마저 간과하고 있을 고객의 욕구 속에 새로운 제품에 대한 아이디어가 숨어

> 거래 이력이 없거나 미약하고, 미충족된 욕구를 가지고 있는 고객

▼

고객 가치: 잠재된 욕구

있을 수 있습니다. 제품화 이후 그것을 스토리텔링으로 끄집어냈을 때 고객 자신도 몰랐을 수요가 폭발할 수 있기 때문입니다.

마케터들은 기존 주력 상품의 타깃과 그 타깃을 상대로 한 스토리의 전개가 그동안 고루한 선입견에 사로잡혀 있었던 것은 아니었는지 되돌아볼 필요가 있습니다. 역발상을 통해 숨어 있는 또는 틈새에 있는 고객을 타깃으로 마케팅을 전개한다면 기존의 주력 타깃을 대상으로 유사한 마케팅 리소스를 쏟아부을 때보다 더 높은 효율을 거둘 수 있지요.

숨은 고객의 욕구를 발굴하여 타깃팅하는 것은 지배적 상품, 서비스로 이미 시장을 장악하고 있는 상황에서도 새로운 수요를 만들어내고 입지를 다져나갈 기회를 만듭니다. 작은 물방울이 바위를 갈라내듯 처음엔 소수의 잠재된 욕구를 겨냥한 마케팅이 시장 전체의 고객들에게 영향을 미쳐서 생각지도 못한 커다란 성과를 만들어낼 수도 있습니다.

중저가 화장품 시장을 개척한 미샤

인터넷 화장품 포털 뷰티넷을 만들어 운영하던 에이블씨앤씨(구 에이블커뮤니케이션)는 2002년 4월 이대 앞에 오프라인 매장 1호점을 오픈했습니다. 미샤라는 브랜드를 본격적으로 알리기 시작한 에이블씨앤씨는 불과 2년이 지난 2004년 12월, 연 매출 1,000억 원을 넘기는 메가 브랜드로 성장합니다. 그 후 코스닥에 이은 코스피 상장과 함께 해외 진출에서도 괄목할 만한 성과를 내고 있지요.

오랜 역사와 전통을 지닌 국내외 대기업 브랜드들이 장악하고 있는 화장품 시장에서 에이블씨앤씨라는 작은 업체가 짧은 기간 동안 입지를 다지고 성공을 이룰 수 있었던 배경은 무엇이었을까요?

미샤의 창업 스토리가 담긴 책《미샤 3,300원의 신화》에서는 "당연하게 생각했던 모든 것에 의문을 품는 순간, 미샤가 만들어졌다"고 이야기합니다. 미샤는 당시까지 '화장품'이라 정의되어 있던 기존의 고정관념들을 정면으로 부인하며 출발한 것으로 유명하지요. 화장품은 여성이 주로 사용하는 제품이므로 패션과 같이 명품 이미지로 고급스럽게 홍보해야 성공할 수 있다는 것이 그전까지 마케팅의 정석으로 여겨졌었습니다.

그러나 미샤는 달랐습니다. 기존의 화장품 브랜드들이 고급스러운 포장이나 이미지 메이킹을 위해 막대한 비용을 쏟아부을 때 미샤는 거품을 걷어내면 합리적인 가격으로 양질의 화장품 공급이 가능하다고 고객을 설득했습니다. 화장품의 성분과 성능은 어떤 제품이든 대동소이하므로 적정 수익만 남기면 중저가에 동일 품질의 화장품 공급이 가능하다는 논리였지요.

고객의 반응은 뜨거웠습니다. 특히 주머니 사정이 여의치 않은 10대 후반에서 20대 초반의 여성이 열광했지요. 그들의 까다로운 검증이 끝나자 미샤의 고객은 전 연령대의 여성들로 확대됐습니다. 미샤는 고가의 브랜드 화장품과 경쟁재가 아니라 보완재라는 관계의 정립도 시도했습니다. 비싸고 고급스러운 브랜드의 화장품을 쓰기도 하지만 피부 트러블 없는 값싸고 양질인 '막 쓰는 화장품 미샤'도 함께 쓸 수 있었죠.

미샤는 끊임없는 스토리텔링을 통해 1만 원 이하의 기적 같은 가격을 제시할 수 있는 이유가 결코 싸구려 재료의 싸구려 화장품이기 때문이 아니라는 점을 분명히 했습니다. 유명 브랜드처럼 과대, 과장 광고를 하지 않는 합리적인 마케팅 덕분에 같은 품질의 제품을 값싸게 제공할 수 있다는 말을 강조하고 반복했지요.

실속형 화장품이라는 장르를 개척해 낸 미샤. 미샤의 성공에 자극을 받은 메이저 화장품 브랜드들은 앞다퉈 중저가의 서브 브랜드를 만들어 시장에 뛰어들기 시작했습니다. 화장품 업계에 일대 지각 변동이 일어났지요. 숨어 있던 고객의 욕구(수요)를 찾아내 합리성을 무기로 스토리텔링에 성공한 미샤는 업계의 판도까지 변화시킨 대표적인 사례가 됐습니다.

집 안으로 들어온 의료기기, 세라젬

과거와 달리 현대인은 복잡하면서도 세분화된 노동 환경 속에서 새롭고 다양한 질병에 노출되고 있습니다. 물론 의료기술 또한 고도로 발달하여 적절한 치료를 받는 일도 어렵지 않게 되었지요. 하지만 장시간이 소요되는 치료를 받기 위해 병원을 방문하는 것은 참 귀찮은 일입니다.

특히 앉아서 일하는 근로자와 학생이 늘어남에 따라 허리 디스크라 불리는 추간판 탈출증, 협착증 등으로 고통을 받는 사람들이 늘어가고 있습니다. 수술 대신 물리치료를 선택하는 경우가 많지만 일과 중에 병원을 방문해야 하는 것은 어렵고 불편합니다. 허리 통증을 느끼는 환자들이 늘어나면서 병원에 방문하지 않고도 집에서 통증 완화를 위한 물리치료 받기를 희망하는 욕구 역시 증가하고 있습니다. 이런 시장의 욕구를 포착해 사업화에 성공한 기업이 바로 세라젬입니다.

동양과 서양을 막론하고 허리 통증과 근육통 완화를 위한 안마의자 제품은 꾸준한 사랑을 받아왔습니다. 부모님께 안마의자를 선물하는 것이 효도라는 스토리텔링도 꾸준히 이어졌지요. 그런 마케팅 덕분에 고령 인구가 늘어나는 가운데 안마의자 시장은 활력을 띠고 있으며 지속적인 성장을 거듭하고 있습니다. 그렇지만 사람들에게 늘 찜찜한 구석이 있었으니 안마의자가 근육을 풀어주어 시원하긴 한데, 과연 디스크 탈출증 같은 질환에 의료적인 도움이 되느

나는 의구심이었지요.

세라젬은 처음부터 소구 포인트를 '의료기기'로 잡아 고객과의 소통을 시작했습니다. 많은 가정용 안마의자와 기구들이 출시되어 있었지만 추간판 탈출증 완화를 위한 공인된 '의료기기 인증(GMP)'을 받은 기구는 많지 않았기 때문입니다. 통증 완화뿐 아니라 실질적인 치료에 도움받길 원하던 고객들은 공인받은 의료기기를 집 안에 들이면 언제든 치료에 도움이 되겠다는 생각에 솔깃했습니다.

나아가 세라젬은 고객과의 소통에 있어 좀 더 특별한 스토리텔링 전략을 수행했습니다. '체험 마케팅'과 '옴니채널'의 활용이었지요. 세라젬에서는 전시 매장 외에 '웰카페'라는 음료 판매 매장을 만들어 기기를 체험하고 제품에 대해 이야기할 수 있는 공간을 만들었습니다. 전시장을 방문했을 때 직원의 눈길과 권유가 부담스러운 고객들은 웰카페에서 음료를 구매해 마시며 세라젬의 제품을 이용해 보는 선택지가 생긴 것이죠. 일명 '부담 경감을 통한 거리 줄이기'였습니다.

또 세라젬은 옴니채널 마케팅이라고 해서 온오프라인의 다양한 채널을 활용해 고객 경험을 확대 재생산하고 밀착 홍보하는 스토리텔링 전략도 추진했습니다. 홈쇼핑, 온라인 마켓, 유튜브, 블로그 등의 온라인 채널과 매장, 웰카페의 오프라인 채널을 적절히 믹스하여 고객과의 소통을 강화한 것이지요.

여기서 세라젬은 정보를 전달하기보다 '고객들의 경험담'을 생산하고 확대하는 데 초점을 두어 마케팅을 펼쳤습니다. 이런 전략은 곧 매출 증대로 이어졌지요. 버전 업그레이드와 기기 확대를 통해 라이프스타일 헬스케어 기업으로 성장하고 있는 세라젬은 고객들의 숨은 욕구를 파악하여 성장한 대표적인 브랜드입니다.

03

고객 입장에서 장벽 해소하기

새로 나온 상품이나 서비스를 마케팅할 때 고객 입장에서의 고충과 구매를 가로막는 장벽이 무엇인지 헤아려볼 필요가 있습니다. 의외로 조금만 관찰하면 쉽게 알 수 있는 아주 기초적이고 사소한 것에 문제가 있을 때가 많이 있지요.

사소한 것처럼 보이지만 그것으로 인해 고객의 외면은 시작되고 종국에는 납득하기 어려운 실패로 귀결되기도 합니다. 아직 끈끈한 관계 형성이 되지 않은 고객들은 그 장벽에 대해 어떤 표현도 하지 않고 떠나버립니다. 보통 사소한 것으로 치부되기 때문이지요. 기업은 그것을 알아채지도 못한 채 사업을 접게 되기도 합니다.

기초적이고 작은 문제들로 인해 고객의 상품과 서비스에 대한 접근성이 저하된다면 그것을 즉각 제거하고 해당 사실을 고객에게 빠르고 명확하게 전달하는 노력이 필요합니다. 만약 장벽을 인식했

거래 이력이 없거나 미약하고, 명확한 진입 장벽이 존재하는 고객

고객 가치: 접근 장벽 제거

지만 쉽게 제거할 수 없다면, 그 문제를 매우 중요하게 인지하고 있으며 제거를 위해 온갖 노력을 기울이고 있다는 것만이라도 적극적으로 스토리텔링해야 합니다. 미처 인지하지 못했던 고충에 대해 서비스 제공자인 기업이 먼저 확인하고 해소하려 할 때, 고객은 실질적인 문제 해결과 상관없이 감동을 받으며 해당 기업을 신뢰하기 때문이지요.

묻지도 따지지도 않는다는 라이나생명

1987년 국내에 진출한 라이나생명은 다양한 보험 상품을 취급하면서도 특히 65세 이상 노년층을 대상으로 한 '실버보험'에 두각을 나타내고 있는 보험사입니다. 라이나생명은 보험업계 최초로 다이렉트 마케팅(소비자에게 직접 정보를 제공하는 마케팅 방식)과 텔레마

케팅을 도입한 기업으로도 알려졌습니다. 외국계 보험사였지만 새로운 시도를 통해 단기간에 흑자를 내며 명실상부한 대한민국의 대표 보험사 중 하나로 급부상했지요.

라이나생명은 2006년부터 이순재 배우를 광고모델로 기용했습니다. 이때 사용한 광고 카피 "묻지도 따지지도 않는다"는 최고의 유행어로 부상했습니다. 이 카피를 통해 라이나생명이 취급하는 보험 상품의 정체성과 브랜드의 입지를 확고히 다질 수 있었지요. 해당 문구는 이후 법적으로 문제가 제기된 후 사용금지 처분을 받아 더 이상 사용할 수 없게 됐습니다. 하지만 재미있으면서 강렬한 문구는 지금까지도 여러 패러디를 낳으며 회자하고 있습니다.

보험사로서 인지도가 다소 떨어졌던 라이나생명이 어떻게 "묻지도 따지지도 않는"이란 문구로 화제를 일으키고 소기의 성과를 거둘 수 있었을까요? 그것은 바로 고객에 대한 깊이 있는 관찰의 결과라 할 수 있습니다. 라이나생명은 고객들이 실버보험 가입에 대해 느끼고 있는 장벽을 파악한 뒤 직설적이고 간결한 언어로 그것을 걷어내겠다는 고객 관점의 스토리텔링을 전개했습니다.

사실 65세 이상 노년층을 대상으로 한 보험 상품은 라이나생명 외에도 거의 모든 보험사에서 취급하고 있었습니다. 대형 보험사들은 라이나생명보다 더 광범위한 조직력과 다양한 채널을 동원해 활발한 마케팅 활동을 펼쳤지요. 하지만 고연령대 고객의 특성상 복잡한 보험 가입 절차 도중에 가입을 포기하는 경우가 많았습니다.

병력, 사고 경험을 가진 고객은 보험사로부터 거절당할 것을 우려한 나머지 가입 시도조차 꺼리는 분위기였습니다. 고연령대의 실버 고객은 영업사원이나 상담원이 가입을 위해 물어보는 세부 사항에 대해 명확하게 대답을 하기 어려웠습니다. 이미 크고 작은 병력을 지닌 사회적 약자로서 상담 자체가 상당한 스트레스였지요.

이순재 배우가 광고 속에서 "묻지도 따지지도 않는다"고 선언한 것은 노년층에게 실버보험 가입에 대한 선입견과 장벽을 일거에 해소했습니다. 또 이 고충을 해소하려고 노력하는 보험사라는 점을 간결한 문구로 스토리텔링할 수 있었지요. 정말로 보험 가입 절차나 확인해야 할 필수 사항들이 완전히 사라지지는 않았지만, 그 말 한마디는 노년층의 실버보험에 대한 심리적 거리감을 상당히 개선할 수 있었습니다. 고객들은 편한 마음으로 상담 전화를 걸었고 라이나생명은 다수의 노년 고객을 유치할 수 있었습니다.

스토리텔링은 시스템과 상품의 전면적 개선이 현실적으로 불가능한 상황에서도 고객과의 거리를 좁혀주는 작은 돌파구를 만듭니다. 물론 그것이 과대, 과장의 광고성 문구로만 머문다면 고객과의 거리감은 그 이전보다 훨씬 더 멀어질 수 있음을 명심하세요.

30분 배달보증제로 승부한 도미도피자 Domino's Pizza

도미노피자의 역사는 1960년으로 거슬러 올라갑니다. 미국인 토마스 모너핸Thomas Monahan은 집배원이었던 동생 제임스 모너핸James

^{Monahan}과 함께 작은 피자 매장을 인수했습니다. 매장을 운영하던 그들은 곧 고민에 빠졌지요. 미국에서 피자는 이미 지극히 일상화된 음식 중의 하나였으며 아무리 맛있게 피자를 만든다 해도 그 안에서 차별화하기가 쉽지 않았습니다.

동생 제임스는 평범하지 않은 피자 가게를 갈망했습니다. 그는 집배원 경력에 힘입어 '고객에게 중요한 가치' 하나를 떠올리게 됩니다. 피자는 그 특성상 조리 후 따뜻할 때 먹어야 가장 맛있는 음식입니다. 고객들은 배달 과정에서 식어버리는 피자에 늘 큰 불만을 느끼고 있었지요. 물론 취식이 가능한 매장에 가서 먹으면 좋겠지만 배달 음식이 흔치 않았던 당시, 미국에서 피자는 유일하게 배달 음식으로 자리를 잡은 음식이었습니다.

제임스가 떠올린 아이디어는 '식기 전에 도착하는 피자'를 제공하는 것이었습니다. 그들은 곧 작고 기동력이 뛰어난 폭스바겐 비틀 모델 차량을 이용해 '30분 내 배달'을 내세우며 본격적인 영업에 들어갔습니다. 주문 후 30분 이내에 배달이 도착하지 않으면 가격을 할인해 주거나 무료로 제공한다는 자신감을 내비쳤지요.

단연 고객들의 반응은 폭발적이었습니다. 따뜻한 피자를 보증하는 가게는 고객들의 불만이 무엇인지 알고 정확하게 대응하는 가게였습니다. 식은 피자에 대한 실망으로 배달 피자를 주문하지 않던 고객들도 두 형제의 피자가게에는 주문하기 시작했습니다. 1965년 형제는 피자가게의 이름을 도미노스_{Domino's}라고 붙이고 매장 2곳을 더 내서 3개의 지점을 운영하게 됩니다. 도미노피자 심볼의 3개

점도 바로 최초 설립된 3개의 지점을 상징하는 것이지요.

'30분 배달보증제'의 효과는 매우 컸습니다. 도미노의 따뜻한 피자는 맛에서 단연 1등을 놓치지 않게 된 것입니다. 1967년 프랜차이즈 사업을 시작한 도미노피자는 창업 10년 만에 미국 내 200개 점포를 돌파했습니다. 미국처럼 넓은 곳에서 피자를 30분 내 배달한다는 것은 모험처럼 보였지만 오히려 획기적인 시도이자 서비스였습니다. 도미노피자는 곧 글로벌 시장에 진출해서 85개국의 6,200여 개가 넘는 프랜차이즈 네트워크까지 확보하게 됐습니다.

한국에는 1990년 오금점을 시작으로 현재 400개 넘는 지점이 운영되고 있습니다. 한국에서도 '30분 배달보증제'의 효과는 막강했습니다. 30분 배달보증제는 무엇이든 신속한 서비스를 선호하는 한국 사람들에게 딱 맞는 키워드이자 스토리텔링이었습니다. 보편적인 피자 소비자들의 불만인 '배달 시간'에 포커스를 맞춘 마케팅은 전 세계에서 성공했습니다. 일본에서는 심지어 20분 배달보증제까지 내걸 정도로 대성공을 거두게 됩니다.

배달원 안전상의 문제로 현재 배달보증제는 중단됐지만 빠른 배달로 '따끈따끈하고 맛있는' 피자가 올 것이라는 이미지와 스토리텔링은 여전히 고객들의 뇌리에 고스란히 남았지요. 최근 도미노피자는 드론 배달을 통해 다시 30분 배달보증제의 영광을 다시 재현하겠다는 야심 찬 포부를 밝히고 있어 기대가 됩니다.

04

잠재된 고객 불안에 대안 제시하기

×

건강 보조 식품이나 보험, 상조 서비스 마케팅에서 많이 쓰는 스토리텔링으로 일명 '공포마케팅'이라 불리는 방법이 있습니다. 주로 고객의 잠재된 불안 심리를 일깨우는 방식으로 진행됩니다. 하지만 궁극적으로 불안의 해소라는 결과를 낳게 되므로 고객에게 해가 되는 일은 없습니다. 또 없도록 기획되어야 합니다.

페이스북은 2012년 일주일 동안 약 70만 명의 사용자를 대상으로 흥미로운 실험 하나를 했습니다. 실험 대상자를 반으로 나누어 한 그룹에는 뉴스피드에 긍정적인 기사와 포스팅만 보이도록 했고, 또 다른 한 그룹에는 부정적인 기사와 포스팅만 보이도록 했지요.

놀랍게도 긍정적인 뉴스피드의 내용를 접한 사용자들은 본인 스스로 긍정적인 콘텐츠들을 만들어 올렸던 반면 부정적인 뉴스피드만을 접했던 사용자들은 스스로 부정적인 콘텐츠를 주로 올리는

거래 이력이 없거나 미약하고, 불안 요인을 가지고 있는 고객

▼

고객 가치: 불안 해소

현상이 나타났습니다. 사용자들의 감정과 태도가 접하게 되는 콘텐츠의 내용과 경향에 따라 좌지우지된다는 것을 입증한 사례입니다.

페이스북에서는 'SNS를 통해 정보를 공유하는 사람들이 다른 사람의 포스팅에 대해 얼마나 영향을 받는지 확인하려 했을 뿐'이라고 밝혔지만, 최고운영책임자가 공식적인 사과문을 발표하는 초유의 사태도 있었지요. 만약 페이스북이 선거에서 특정 후보에게 우호적인 포스팅을 내보내고 다른 후보들에 대해서는 부정적인 포스팅만 내보낸다면 의도한 바대로의 선거 조작도 충분히 가능하다는 것을 보여주었기 때문입니다. SNS의 스토리텔링이 고객의 선택과 행동에 깊이 있는 영향을 미친다는 것이 드러난 사건입니다.

사람들은 긍정적인 메시지보다 부정적인 메시지에 훨씬 민감하게 반응하며 오랫동안 기억한다는 연구 결과도 있지요. 어떤 상품과 서비스가 인간의 삶을 개선하는 것이라면 그것을 쓰지 않았을 때의 다소 참혹한 또는 부정적인 결과를 부각시켜 이야기하는 것이

사람들을 설득하기에 좀 더 효과적이라는 말입니다.

아직 '발생하지 않은 위험과 불편함'을 강조하기 때문에 공포마케팅이라는 위협적인 표현이 쓰이는 것이겠지요. 하지만 미래를 대비하는 상품과 서비스라면 일종의 자극요법인 이 방법보다 더 적절한 것은 없습니다. 정확한 처방을 위해서는 정확한 진단을 내려야 하듯, 상품이나 서비스로 불안 해소를 위한 솔루션을 내기 위해서는 고객의 불안 요소를 정확하게 집어내는 통찰력이 필요합니다. 그리고 부드럽고 명료한 언어를 통해 메시지를 전달하고 대안을 제시해야 하지요.

예를 들어 특정 건강 보조 식품을 대안으로 이야기하자면 '섭취하면 혈관 건강에 좋다'는 다소 추상적인 워딩보다는 '섭취하면 40대 이상의 성인들에게 빈번하게 발병하기 쉬운 고지혈증 예방에 좋다'는 구체적인 말이 더 강한 인상과 신뢰를 줄 수 있습니다.

구취 걱정을 날려주는 리스테린LISTERINE

리스테린은 1879년 출시된 후 구강청결제 분야에서 꾸준히 세계인의 사랑을 받아온 독보적인 1위 브랜드입니다. 리스테린이라는 이름은 1860년, 최초로 수술실에 '살균'이라는 개념을 도입한 외과 의사 조셉 리스터Dr. Joseph Lister의 이름에서 따왔습니다. 출시 초기에는 수술실 등 병원에서 사용하는 다목적 '살균소독제'로 보급됐으나 삼키더라도 인체에 해가 없고 입속 세균과 냄새를 제거할 수 있다는 장점이 강조되면서 범용 구강청결제로 판매하게 됐지요.

구강청결제 리스테린이 처음부터 대중적인 사랑을 받은 것은 아닙니다. 한국 시장 진출 시 있었던 논란처럼 알코올 성분이 함유된 리스테린의 맛은 너무 강했고, 많은 사람에게 거부감을 주었기 때문입니다. 양치질만 잘하면 되는데 굳이 리스테린이라는 별도의 제품을 사용해야 한다는 것도 쉽게 납득되지 않는 부분이었지요.

이때 리스테린이 생각해 낸 스토리텔링의 중심 소재가 바로 '구취 제거'였습니다. 세균을 없앤다거나 각종 구강 질환에 좋다는 설명보다 입 냄새로 인한 사회적 관계의 문제에 포커스를 맞췄지요. 양치질을 해도 없어지지 않는 입 냄새, 구취는 타인과의 관계 형성에 치명적인 문제가 될 수 있었습니다.

리스테린은 이것을 재빨리 캐치해 구취를 제거하지 않으면 '당신은 인기가 없어진다'는 식의 광고 문구를 내세웠습니다. 사람들은 곧 구취로 인해 사회생활이 힘들어지거나 새로운 인간관계를 맺지 못 할 수 있다는 공포를 느꼈습니다. 이윽고 구취를 없애기 위해서는 입맛에 맞지 않더라도 리스테린을 써야 한다는 결론에 도달했지요. 리스테린의 스토리텔링은 사람들의 우려를 적절한 사례를 통해 현실화시키고, 이것을 해결하기 위해 제품이 할 수 있는 기능과 역할을 보여준 사례라 할 수 있습니다.

먹거리 불안감을 해소하는 시스루 마케팅

시스루See-through는 '속이 비친다'는 뜻으로 패션 상품에서 주로 쓰이는 표현입니다. 여기에 마케팅이란 단어가 붙은 시스루 마케팅이란 제품의 생산 과정을 소비자인 고객에게 속이 비치는 것처럼 상세하게 공개함으로써 상품 및 서비스에 대한 고객의 불안감을 해소하고 신뢰를 얻는 기법을 말하지요.

경제 규모가 커지고 삶의 방식이 복잡해짐에 따라 사람은 언제나 불확실성을 떠안고 사는 존재가 됐습니다. 옛날에는 모든 것을 직접 만들거나 인접한 이웃이 만들어 소비했습니다. 하지만 누가 어떤 환경에서 만들었는지 모를 상품과 서비스를 소비하는 시대로 접어들면서 그에 대한 불안감 또한 커지고 있지요.

특히 사람들이 가장 민감하게 생각하는 상품군은 바로 먹거리입니다. 가공식품의 경우 과거에는 직접 만들어 먹던 것들까지 사서 먹게 됨에 따라 그 의존도는 점점 더 커지게 되었고 불확실성의 범위도 점점 더 커지고 있지요. 예로는 어느 집에서나 연례행사로 담가 먹던 김치를 떠올려 볼 수 있습니다.

이제는 집에서든 식당에서든 김치를 담가 먹는 대신 간편하게 구입해서 먹는 것이 보편화됐습니다. 그런데 맛은 둘째 치고 김치가 만들어지는 위생 환경에 대한 이슈가 종종 언론의 사회면을 차지함에 따라 나와 가족이 먹는 '공장 김치'에 대한 불안감이 가중되고 있지요. 얼마 전에는 김치 명인이 만들어 판매하는 김치마저 곰

팡이가 핀 재료로 비위생적인 환경에서 만들어졌다는 보도가 나왔습니다. 소비자는 중국산의 저가 김치는 말할 것도 없고 대기업에서 제조한다는 김치마저 무작정 믿고 먹을 수 없게 됐습니다.

중국산 김치의 비위생적인 제조 사건 등으로 공장 김치에 대한 불신의 강도가 높아지자 김치를 제조, 판매하는 대상그룹의 '종가'에서는 '김치공장 안심투어'라는 프로그램을 내놨습니다. 일반 소비자들을 대상으로 자사의 공장을 돌아보며 김치의 재료부터 생산되는 전 공정이 위생적으로 관리되고 있음을 두 눈에 확인시켜 주는 시스루 마케팅이었습니다.

김치공장 투어에 참여한 고객은 생산 현장 견학뿐 아니라 종가집 김치의 역사를 홍보하는 전시관을 방문하고 '김치 담그기' 프로그램 체험까지 마친 후 정성스레 포장된 김치 선물을 갖고 집으로 돌아갑니다. 공장 김치에 불신을 가졌던 고객들은 투어 프로그램에 참여하는 내내 제조사인 종가에서 마련한 안심 먹거리 스토리텔링에 노출되며 공장 문을 나서는 순간 '종가집 김치' 외의 김치에는 눈길조차 주지 않는 열성 고객이 되어버립니다. 본인이 직접 눈으로 확인한 공정의 김치를 놔두고 여전히 불확실한 공정의 타사 김치를 사 먹을 이유가 없기 때문입니다.

매일유업 역시 유아식 전문 브랜드 '맘마밀'의 시스루 마케팅을 통해 입지를 다졌습니다. 어린 자녀들의 먹거리 안전에 민감할 수밖에 없는 아빠와 엄마의 불안감을 잘 파악한 결과였지요. 매일유업은 '맘마밀 키친 안심투어'라는 이름의 유아식 제조 공정 공개를 기획해 월 1회 참가 희망자들의 신청을 받아 투어를 진행했습니다. 브랜드 스토리 영상시청으로 시작되는 투어에서는 이유식의 재료와 전 생산 과정, 관리 시스템을 돌아본 후 이유식 재료로 만든 식사까지 제공했습니다.

오감으로 만족한 고객들은 집으로 돌아가 자신의 자녀들에게 믿고 맡길 수 있는 이유식 '맘마밀'을 먹게 하는 것은 물론이고 SNS와 맘카페 등에 투어 과정과 소회를 공유하게 됩니다. 매일유업은 덕분에 추가적인 비용을 들이지 않고도 바이럴의 타깃 광고까지 하게 되는 효과까지 덤으로 거둘 수 있었지요.

대형 식당에서 오픈 주방을 운용하는 것 또한 시스루 마케팅의 일환입니다. 고객 관찰을 통해 그들이 가지고 있는 불안과 요구 사항을 재빨리 파악하고 그것을 불식시키기 위한 장치를 기획, 입증하는 시스루 마케팅은 고객의 감성을 파악하여 소통하고자 하는 스토리텔링 마케팅의 본질과도 같다고 할 수 있습니다.

05

이벤트 열어 고객 흥미 자극하기

잘 팔리는 상품, 서비스라도 시간이 지남에 따라 크고 작은 변화를 시도해야 할 때가 있습니다. 이미 만족도가 100%에 가까운 제품이라면 어떤 방식으로든 업그레이드를 시도하거나 리뉴얼을 하는 것 자체가 큰 모험이자 도박일 수 있습니다.

현재는 만족감이 높더라도 새로움이 거의 없는 상품, 서비스에 대해 고객들은 지루함을 느낄 수 있습니다. 그리고 언젠가는 그로 인해 헤어질 결심을 하고 새로운 가치를 얹어주는 경쟁사의 상품과 서비스로 조용히 떠나가 버릴 수도 있지요.

고객 관리 또는 유치의 확장을 위해서는 지속해서 고객에게 말을 걸며 우리 상품, 서비스에 대한 새로운 가치를 상기시키는 스토리텔링 활동이 필요합니다. 상품을 전면 개편을 하지 않더라도 좋습니다. 이벤트를 주기적으로 발생시키고 이것을 화제로 삼아 스토

> 충성도는 높지만 싫증이 발생할 가능성이 높은 고객

▼

고객 가치: 흥미로운 이벤트

리텔링을 전개할 수도 있습니다.

우선 연간 달력을 기반으로 시즌을 정해 특정 계절 또는 일자 등과 상품, 서비스를 연계시켜서 이벤트를 여는 방법이 있습니다. 또 신상품 또는 컬래버레이션 제품을 간헐적인 이벤트로 출시함으로써 마니아 고객의 수집 열을 충족시키는 방법도 있지요. 어떤 방식이든 상품과 서비스의 특성을 고려해 주기적인 이벤트를 진행하는 것은 유명 스타들의 팬미팅과 같이 고객의 만족감을 극대화합니다. 그들의 브랜드에 대한 충성도도 함께 올라가겠지요.

고객들이 열광하는 스타벅스 프리퀀시 이벤트

스타벅스는 고급 아라비카 원두커피로 미국 내에서 새로운 커피 문화를 선도함은 물론 명실공히 세계를 제패한 글로벌 넘버원의 커피 브랜드입니다. 중소 커피전문점 브랜드들이 경기의 부침 속에 어려움을 겪을 때도 유일하게 승승장구하며 평판지수에서 1위를 고수하는 브랜드로 성장했습니다.

특히 한국에는 유독 스타벅스라는 브랜드와 매장에 대한 충성도가 높은 고객이 많습니다. 한국 스타벅스가 다른 나라에서는 시도하지 않았던 새롭고 편리한 시스템을 도입하고 다양한 이벤트와 굿즈로 마케팅을 진행한 덕분이지요. 한국 스타벅스는 세계 최초로 사이렌 오더 주문과 픽업, 프리퀀시 적립을 위한 모바일 서비스를 시작했는데 양질의 커피와 시스템, 공간이 주는 특별함의 결합으로 고객의 만족감과 충성도는 더욱 높아지고 있습니다.

스타벅스는 지루함을 느낄지 모르는 고객들을 대상으로 이용 빈도와 충성도를 높일 수 있는 'e-프리퀀시' 이벤트를 주기적으로 열고 있습니다. e-프리퀀시 이벤트는 고객들의 사랑에 대해 보답하는 일종의 사은 행사 성격을 내포하고 있기도 하지요. 스타벅스에서는 2003년부터 매년 크리스마스 음료가 출시되는 연말 시즌에 맞추어 다음 한 해의 시작을 준비하는 다이어리 증정 e-프리퀀시 적립 이벤트를 진행했고 결과는 매우 성공적이었습니다. 매년 찬 바람이 부는 겨울이 되면 스타벅스와 고객들은 e-프리퀀시 이벤트로 북적북적한 시즌을 보내고 있습니다.

한낱 상술에 불과하다는 비판이 쏟아지기도 합니다. 그렇지만 충성도 높은 고객들은 시즌 한정 굿즈를 제공하는 프리퀀시 이벤트를 고대하며 스타벅스와의 친밀한 관계를 확인하는 계기로 삼고 있습니다. 겨울 시즌 프리퀀시 이벤트는 특별 음료 출시와 함께하는 여름 시즌 프리퀀시 이벤트로 확장되기도 했지요.

여름 시즌 굿즈에서 인체에 해로운 성분 검출로 비난이 일기도 했고 일부 고객이 스탬프를 채우기 위해 마시지도 않을 300잔의 음료를 한꺼번에 주문하고 버리는 등의 사건이 있기도 했지만, 공고하게 결속된 고객들은 여전히 스타벅스의 e-프리퀀시 이벤트를 지지하고 있습니다.

성숙된 시장에서 고객과의 관계를 지속 발전시키고 작지만 소소한 성원을 끌어내기 위해서는 스타벅스처럼 주기적으로 이벤트를 열고 흥미를 자극하려는 시도가 중요합니다. 정상의 자리에 안주하지 않고 고객과의 관계에서 새로운 스토리텔링 소재를 발굴하고 개발해서 화제의 중심에 서는 스타벅스. 다양한 변화를 꾀하며 확장성을 넓혀가는 스타벅스의 다음 행보가 주목됩니다.

와인 애호가가 아니어도 알고 있는 보졸레누보Beaujolais nouveau

와인은 대중화되어 레스토랑과 마트, 편의점에서 쉽게 접할 수 있으나 막상 알고 마시자면 매우 어려운 술입니다. 프랑스, 이탈리아, 칠레, 호주, 아르헨티나, 미국, 스페인 등 전문적으로 포도를 재배하고 포도주를 생산하는 국가가 전 세계에 널리 퍼져 있으며 포도의 품종과 생산 연도에 따라 맛과 품질이 다른 것이 와인이지요.

같은 국가 내에서도 어느 지역, 어느 농장, 어느 기업에서 생산했는지에 따라, 타 품종 포도와의 혼합 여부에 따라 맛과 풍미에 차이가 납니다. 또 그에 따라 가격도 천차만별이지요. 소믈리에 정도의 애호가가 아니라면 라벨 읽는 법을 배운 사람이라도 그 많은 와인들을 모두 맛보고 식별해 내는 것은 불가능에 가깝습니다.

거의 무한 경쟁에 가까운 와인 시장에서 저렴한 가격 대비 높은 품질로 매우 인지도가 높은 와인이 하나 있습니다. 바로 보졸레누보라는 햇와인입니다. 포도 생산지로 유명한 프랑스 부르고뉴 보졸레 지방에서 나는 가메이Gamey라는 단일 품종 포도로 생산하는 햇와인을 보졸레누보라고 부르지요. 포도는 오래 숙성되어야 맛이 깊다는 인식이 있지만 보졸레 지방에서는 그해에 생산된 햇포도로 포도주를 담가 11월에 마시는 전통을 유지해 왔습니다.

보졸레누보가 본격적인 상용 와인으로 인기를 얻게 된 기원은 그해 생산 와인에 대해 12월 15일 이전에는 출하를 금지했던 프랑스 정부의 통제 정책 때문이었습니다. 엄격한 통제 정책을 펼치던 프랑스 정부가 국민의 불만이 고조되자 1951년 11월 13일, 일부 지역에 한해 와인 출하를 허용했는데 이때를 기점으로 지금의 보졸레누보 스토리가 생겨났습니다.

그해 생산 포도로 만들어진 포도주는 맛이 깊지 않다는 선입견에 대응하고자 보졸레의 와인 생산업자들은 '가장 신선하게 마시는 햇와인'이라는 상식을 뒤집은 스토리로 마케팅을 전개했습니다. 와인으로 유명한 보르도 지방이나 부르고뉴의 티 지역, 타 품종에 비

해 경쟁력에서 열위였던 보졸레 와인은 새롭다는 뜻의 '누보'란 단어를 붙여 '햇와인'으로 승부를 던진 것이지요.

보졸레누보 지방에서는 햇와인에 대한 극적인 효과 연출을 위해 날씨가 선선하고 와인 마시기에 딱 적기인 11월에 이벤트를 열고 있습니다. 전 세계에서 매년 11월 셋째 주 목요일 보졸레누보의 축제가 펼쳐집니다. 와인 애호가뿐 아니라 와인에 깊은 관심이 없던 사람들도 자의 반 타의 반으로 연례행사인 축제에 참여해 가볍고 산뜻한 와인 보졸레누보를 즐기게 됩니다.

한국에서도 2000년대 초반, 와인 열풍이 불면서 매년 11월이 되면 보졸레누보 출시를 기념하는 축제가 수많은 레스토랑과 호텔, 마트에서 열리고 있습니다. 보졸레누보는 경쟁재 대비 열위의 위치에서 약점을 강점으로 바꾸고 주기적인 이벤트를 통해 고객을 끌어들이는 스토리텔링을 잘 실천하고 있지요.

나이키의 한정판 드롭 마케팅과 드로우 마케팅

오픈런Open Run이라는 말을 들어본 적이 있나요? 2022년 1월 14일, 오픈을 앞둔 어느 백화점 앞에는 새벽부터 긴 줄을 선 사람들로 장사진을 이루고 있었습니다. 그리고 오픈과 동시에 사람들은 마치 좀비라도 된 것처럼 일제히 위층을 향해 달리기 시작했습니다. 자칫 커다란 사고로 이어질 뻔했지요.

사람들이 이처럼 위험한 행동을 하게 된 이유는 그날이 나이키에서 한정판으로 출시하는 '에어조던1 로우 골프화Air Jordan 1 Low Golf'를 판매하는 첫날이었기 때문입니다. 17만 9,000원이라는 낮지 않은 가격에도 불구하고 사람들이 신발 하나를 사기 위해 새벽부터 줄을 서는 고생과 함께 사고의 위험까지 감수했던 것이지요.

이유는 크게 두 가지로 나뉩니다. 하나는 스니커즈 마니아가 늘어나면서 나이키가 한정판으로 출시하는 희귀 아이템을 소장하려는 순수한 열정이 생겼기 때문이지요. 둘째로 그런 희귀 아이템을 구매하면 2배에서 많게는 100배까지의 비싼 값으로 되파는 리셀Re-Sell이 가능하기 때문입니다. 금전적 차익을 노리고자 함이지요. MZ 세대 사이에서는 '스니커 테크'라는 신조어가 생길 정도로 신발의 리셀 시장이 성장했습니다. 이 리셀 시장은 나이키의 컬래버레이션 한정판 출시 이벤트 때문에 생겨났다고 해도 과언이 아닙니다.

나이키는 유명 브랜드, 인플루언서와의 컬래버레이션으로 한정 판 제품을 내는 간헐적 마케팅 이벤트도 지속해서 진행하고 있습니 다. 물건이든 사람이든 적극적으로 컬래버레이션을 하면서 나이키 에 빌려온 고급스러운 이미지를 오버랩하는 것이지요. 나이키의 브 랜드 가치를 격상하고 또 유지하려는 일석이조의 노림수입니다. 인 기 높은 컬래버레이션 제품을 대량 생산해서 판매하면 더 큰 수익 을 올릴 수도 있겠으나 나이키는 소량의 한정판만을 제공합니다. 고객의 욕구와 흥미를 끌어올리고 프리미엄의 가치가 붙게 하는 고 도의 전략이자 나이키만의 스토리텔링이지요.

특정 일자나 시간을 정해 새로 나온 제품을 한정판으로 판매하 는 것을 '드롭 마케팅Drop Marketing'라고 합니다. 극히 한정된 제품을 정 해진 날짜, 시간, 공간에서만 판매한다는 것을 예고하는 것만으로 도 고객의 관심을 환기할 수 있지요. 또 마니아들의 구매 욕구라는 심리를 자극할 수 있기에 유용한 방법입니다.

나이키처럼 드롭 마케팅을 진행하던 브랜드들은 여기서 그치지 않고 드로우Draw 또는 래플Raffle 이라 불리는 추첨 마케팅으로 방식을 확장했습니다. 드로우는 포커판에서 카드를 뽑는 것을 말하고 래플 역시 복권 또는 추첨을 의미합니다. 드롭 마케팅이 오프라인에서 선착순의 방법을 사용했다면 드로우, 래플 마케팅은 온라인에서 신청 받은 후 추첨을 통해 구매자를 선정하는 방식입니다. 구매자가 상품을 고르는 것이 아니라 판매자가 줄을 세우고 추첨을 통해 구매자를 고르는 시스템인 것이지요.

나이키의 드롭, 드로우 마케팅은 외부적인 요소인 계절이나 특정 기념일에 맞추어 진행되는 일반적인 시즌 이벤트와는 다릅니다. 기업에서 그 주도권을 확보한 후 시기와 수량뿐 아니라 구매하려는 고객마저도 기업에서 선정할 수 있다는 것을 보여주는 새로운 사례이지요. 잘 짜인 스토리텔링의 기획과 마케팅은 동일한 상품이라도 그 수량과 시기에 따라, 또 어떤 의미를 부여하느냐에 따라 가격이라는 가치와 소비자의 상품을 대하는 태도마저 달라지게 만들 수 있습니다.

06

이머징 마켓에서 새로운 고객군 발굴하기

과학, 기술, 문화의 급격한 발달로 인해 사회 구조 또한 과거와는 다른 빠른 변화를 겪고 있습니다. 과거에는 존재하지 않았거나 존재했어도 큰 조명을 받지 못했던 상품과 서비스들이 속속 등장해 인기를 얻어가고 있지요. 따라서 기존에 존재하고 있던 전통적인 시장이 아니라 '이머징 마켓(Emerging Market, 새롭게 떠오르는 시장)'에서 새로운 고객을 발굴하고 그들을 대상으로 새로운 이야기를 하는 것이 기업에게 매우 중요해졌습니다.

새로운 고객의 예는 최근 구매력이 생긴 MZ세대와 알파세대가 있습니다. '젊은이'라는 무색무취의 획일적 호칭을 거부하는 신인류의 등장은 인구절벽, 초고령화, 성비 불균형이라는 사회 현상과 맞물려 전 사회와 산업계에 새로운 전환점을 가져오고 있습니다. 전에 없던 새로운 기술과 콘텐츠 시장이 생성되는가 하면 빛을

거래 이력이 없거나 미약하지만 성장 가능성이 높은 고객군

고객 가치: 새로운 시장의 고객

발하지 못했던 상품과 서비스가 새롭게 주목을 받는 새로운 국면이 열리기도 합니다. 신사업을 준비한다면 급격하게 변화하는 사회 트렌드를 관찰하면서 새롭게 등장하는 고객군과 새로운 이야기로 소통할 준비를 해야 합니다. B2C 고객과 B2B 고객 모두를 포함하는 것은 물론이지요.

이머징 마켓은 기존의 관점만으로는 이해가 불가능한 시장입니다. 전통적인 산업과 고용, 생산, 유통구조를 파괴한 후 그 위에 조성되는 소멸과 재창조의 시장이기도 하지요. 따라서 기존의 관념에서 탈피한 보다 세심하고 파격적인 아이디어가 필요합니다. 이러한 기획은 새로운 시나리오와 스토리텔링을 만들어내는 창조적 노력에 의해서만 빈틈없이 구현이 가능하지요.

부족한 일손을 돕는 AI 로봇과 AI 고객센터

로봇 개발사 베어로보틱스BEARROBOTICS는 하정우 대표에 의해 설립됐습니다. 그는 미국에서 박사 학위 취득 후 구글의 소프트웨어 엔지니어로 일했지요. 2016년 실리콘밸리에서 한국의 인기 음식인 순두부로 가게를 열어 요식업에도 도전했는데, 식당에서 서빙을 담당할 인력 수급 문제로 어려움을 겪게 됩니다. 이때 하대표의 머릿속에 떠오른 생각이 있었으니 그것은 바로 사람 대신 '서빙을 하는 로봇'을 만들어 자신을 포함해 어려움을 겪고 있는 식당 주인들을 도와야겠다는 것이었습니다.

산업 현장이 아닌 요식업계에서 로봇을 도입한다는 것이 다소 생소하게 느껴졌던 시기였습니다. 하지만 하대표는 각고의 노력 끝에 상용화가 가능한 식당용 서빙 로봇을 개발해냈습니다. 이후 본사는 미국, 로봇 생산은 한국의 공장에서 진행하는 로봇 기업 베어로보틱스를 설립하고 본격적인 사업에 나섰지요.

초기 시장이었지만 반응은 뜨거웠습니다. 2020년에 일본 소프트뱅크로부터 370억 원을 투자받는 등 로봇 생태계의 유망기업으로 등극했습니다. 곧 베어로보틱스는 미국과 일본에서 서빙로봇 분야 시장점유율 1위를 달성하는 로봇 전문 기업으로 성장했습니다.

베어로보틱스의 성공은 구글의 엔지니어였던 하정우 대표가 기술에 밝았기 때문이기도 했지만, 몸소 체험하며 얻어낸 고객의 소리를 흘려듣지 않았기 때문에 가능한 일이었습니다. 고객은 식당에서 음식을 사 먹는 사람만이 아니었습니다. 식당을 운영하는 수많은 자영업자가 베어로보틱스의 고객이었지요. 서빙 인력을 수급하기가 무척 어려웠던 요식업 대표들에게 '사람을 대신해 일손을 도울 수 있는 로봇'을 만들어 해법을 제시했습니다.

식당에서 서빙 로봇을 적용하는 이유는 인력 절감의 목적도 있으나 '새롭고 진보적인 서비스를 제공하며 위생적인 관리를 하는 식당'이라는 이미지를 고객에게 전달하려는 마케팅 목적인 경우가 많습니다. 고객들에게 새로운 첨단의 시스템을 도입한 세련된 식당으로 스토리텔링을 전개하기에 로봇보다 좋은 아이템이 없지요. 식당을 누비는 로봇을 보며 열광하는 어린 손님들 또한 서빙로봇을 도입하는 이유가 되고 있습니다. 일손을 돕고 마케팅에도 효과적인 로봇이 새로운 시장을 만들어 가고 있는 것입니다.

서빙 로봇만큼이나 사업주들의 고충을 해결하며 접객 현장에서 고객 만족을 이끄는 첨단 서비스로는 'AI 고객센터'가 있습니다. AI 상황 분석과 음성 대화 기술의 발달로 구현이 가능해진 AI 고객센터는 그 이전, 높은 인건비와 효율성으로 인해 구현할 수 없었던 24시간, 365일 고객 상담을 가능하게 했지요.

챗GPT가 사회적 이슈가 될 정도로 AI 기술을 활용한 다양한 상품과 서비스가 봇물 터지듯 쏟아지고 있습니다. 전통적인 산업에서도 AI 기술을 적용한 비용 절감과 매출 확대를 고민해야 하는 시대가 왔습니다. 자동차 업계의 강호로 군림했던 독일의 자동차 브랜드들이 전기차라는 시대의 조류를 더디게 읽어 고전하고 있지요.

급변하는 시장, 새로 등장한 시장에 대해 고민하지 않는다면 효율적인 운영이 어려움은 물론이고 있던 고객마저 새로운 시장과 경쟁자에게 빼앗길 수 있습니다.

워라벨을 중시하는 긱워커의 등장과 서비스들

긱이코노미Gig Economy란 '기업들이 정규직 대신 임시직이나 계약직으로 사람들을 고용하려는 경향이 커지는 경제 형태'를 말합니다. 기업으로서는 경비 절감을 위해 정규직 채용을 꺼리는 추세였기 때문에 이를 새로운 경향이라 말할 수 없을 것입니다. 그러나 주목할 부분은 긱이코노미 시장의 노동자들인 '긱워커'의 성향이 변화하고 있다는 것입니다. 긱이코노미 시대의 긱워커들은 이전 세대들과 달리 정규직 대신 오히려 임시직이나 부업을 선호합니다.

한국에서는 이미 1회 이상 긱워커를 경험해 본 사람의 수가 1,000만 명을 넘어서고 있습니다. 2025년 기준 글로벌 긱이코노미로 인한 부가가치의 규모는 2조 7,000억 달러를 넘어설 것으로 전망하고 있지요. 긱워커는 대리운전이나 배달대행을 하는 사람들로 한정되지 않습니다. 이제는 전 산업 분야에서 긱워커를 필요로 하고 있지요. 재능 나눔이나 학습 강사, 단기 아르바이트 구직자, 계약직 사무원, 상담원, 세차·청소·이사 분야 종사자, 건설직 등등 모든 산업 및 서비스 영역에서 긱워커가 활약을 하고 있습니다.

긱이코노미의 급속한 발전은 그것을 가능하게 하는 플랫폼과 공유기기 등 IT, 운송, 물류 기술의 발달에 기인한 것입니다. 긱이코노미에 종사하는 긱워커 시장은 진입 장벽이 낮아 경력이 단절된 사람이나 은퇴자, 실업자들이 손쉽게 뛰어들 수 있습니다. 또 자투리 시간을 활용해 수입을 올리려는 직장인에게도 투잡의 가능성을 열어주지요. 워라벨을 중시하는 현대인에게 원하는 시간에, 원하는 만큼만 일하는 것을 가능하게 해 주는 반갑고 새로운 맞춤형 노동 시스템입니다.

1,000만 명이 넘는 긱워커들을 위한 비즈니스 모델로 눈을 돌려볼 필요가 있습니다. 긱워커에게 꼭 필요한 서비스가 무엇일까요? 보이스피싱이 활개를 치고 SNS의 알고리즘에 의해 개인의 사생활 보장이 갈수록 힘들어지는 상황입니다. 긱워커가 일정 기간만 쓰고

바꿀 수 있는 이름과 전화번호, 계좌번호, 주소 등을 발행하고 인증, 관리를 해준다면 긱워커의 개인정보와 사생활 보호가 가능하지 않을까요? 이런 발상에 착안해 현재 상대적으로 취약한 긱워커들의 개인정보와 사생활에 대해 익명 보장이 가능한 '제2의 신분 발급 및 인증' 서비스를 기획해 추진하고 있습니다.

군이 저의 창업 사례를 언급하지 않더라도 새로 등장한 노동자 고객인 긱워커를 위한 서비스와 플랫폼들이 시장에 속속 등장하고 있지요. '배민커넥트'처럼 원하는 시간에 원하는 만큼 배달 노동 건을 받아 처리할 수 있는 플랫폼이 있는가 하면 알바몬·알바천국 같은 단기 아르바이트 알선, 크몽이나 숨고 같은 재능 나눔·세차·이사·청소 등의 일자리를 중계하는 서비스도 모두 노동자인 긱워커를 타깃으로 하고 있습니다.

전 세계적인 추세이기도 하지만 긱이코노미 경제는 향후 더욱더 발전할 것입니다. 이미 출시된 상품과 서비스도 이제는 어떻게 하면 긱이코노미 및 그 속에서 일하고 있는 긱워커, 긱워커 이용자들과 연결 지을 수 있을지 심화해서 고민할 때가 왔습니다.

전에 없던 새로운 사회구조와 그것으로 파생되는 신흥 시장들은 전통적인 마케팅 기법으로 접근하기에는 한계가 있습니다. 시장에 참여하는 구성원들에 대한 변화부터 주의 깊게 관찰하고 그들의 눈높이에서 모두가 이해하는 스토리를 만들어가야 합니다. 그래서 유연한 스토리텔링이 정말 중요합니다.

초고령 사회를 준비하는 대동의 스마트솔루션

2025년이 되면 한국은 65세 이상 인구가 전체 인구의 20.3%를 차지하는 초고령사회로 접어든다 합니다. 한국 사회에서 신흥 소비 세대로 떠오르는 MZ, 알파세대보다 65세 이상의 실버 또는 시니어라 불리는 계층의 증가가 더욱 가파르고 두터워지고 있습니다.

하지만 시장에서는 그동안 시니어에 관심이 상대적으로 크지 않았습니다. 노년에 접어든 그들의 구매력이 그리 크지 않다고 판단했기 때문입니다. 하지만 사회 구성원이 초고령화된다는 것은 왕성하게 경제활동을 해야 할 나이가 연장된다는 것을 의미합니다. 65세 이상의 시니어도 왕성한 구매력이 있는 것이죠.

다소 유행에 둔감한 계층이라 여겨지던 시니어 고객의 급속한 성장은 타깃 고객에 대한 시선을 바꾸어 가고 있습니다. 또 마케팅 담당자로서 바꾸어야만 하는 시대가 됐지요. 이렇게 본다면 시니어 시장 역시 새롭게 떠오르는 이머징 마켓입니다.

시니어 시장이 커지고 있다고 하면 흔히들 시니어를 대상으로 한 소비재 시장이 커지고 있다고 생각하기 쉽습니다. 물론 구매력 있는 시니어를 대상으로 그들에 맞는 상품과 서비스를 만들어 스토리텔링으로 시장을 넓히는 것 또한 매우 중요합니다. 하지만 초고령화 사회로 접어들면서 인구수가 부족한 젊은이들이 메우지 못하는 일자리에 고령자들이 대신 투입되고 있습니다. 이런 양상으로 확장되는 '노동시장' 이슈를 간과해서는 안 됩니다.

이러한 추세를 놓치지 않는 기업 중에는 오랫동안 농기계를 생산, 판매해 온 기업 '대동'이 있습니다. 경운기, 트랙터 같은 전통적인 농기계를 만들어 판매하던 대동은 농사를 지을 농촌 인구의 절대 감소와 고령화라는 문제를 인식하고 발 빠른 DX(디지털 트랜스포메이션) 전략을 수립해 실천에 옮겼습니다. 대동은 1인 농가에서도 운용이 가능한 소형 전동 농기계를 개발 보급하는 한편, 시니어만 있는 농촌에서 일손이 적어도 활용이 가능한 자율주행 이양기, 트랙터, 콤바인을 출시하고 제반 서비스를 제공해 나가고 있습니다.

고령화된 농촌에 AI와 스마트팜 기술이 접목된 농기계와 시설로 손쉽게 농사를 지을 수 있는 기반이 제공되고 있습니다. 고령자에게 어렵게 느껴질 농기계 조작과 농장 관리는 숙련된 전문가에게 원격 의뢰해 해결할 수 있는 시대가 다가왔지요. 더 이상 농사는 노동집약적인 산업이 될 수 없습니다. 이제는 일손 부족을 겪는 농촌의 시니어들과 지자체, 정부에게 농사가 '기술집약적인 산업'이 되었음을 말하는 스토리텔링이 먹히고 있지요.

대동의 자회사 대동모빌리티에서는 초고령 사회에 대비, 자율주행 이동 수단인 '스마트로봇체어'를 개발하고 있습니다. 불모지라 할 수 있는 시니어에 특화한 전동휠체어 시장의 포문을 열겠다는 계획입니다. 초고령사회로 인해 거동이 불편한 사람, 즉 고객이 점차 증가할 것입니다.

이러한 사업에 대한 준비와 스토리텔링은 기업의 이미지 개선에도 도움이 되고 미래 수익의 관점에서도 매우 유의미하겠지요.

ⓒ대동모빌리티

시니어 고객에 대한 예측과 대응을 서두르고 그들과 커뮤니케이션
을 준비해야 할 때입니다.

07

SNS 채널에 최적화된 스토리로 소통하기

$$\times$$

　지난 30년간 나타난 첨단의 IT기술과 기기의 발달은 그 어느 때보다 급격한 사회 변화를 불러왔습니다. 초고속 인터넷의 보급, 스마트폰의 등장, 클라우드 컴퓨팅, 블록체인, AI, 전기차 및 개인용 모빌리티의 대중화 등이 모두 이 기간에 나타난 변화들이지요. 특히 스마트폰의 보급과 함께 발달한 SNS(Social Network Service)는 현대인의 일상생활과 뗄 수 없이 밀접해졌습니다.

　고객과의 소통을 위한 스토리텔링 채널로서 SNS는 나날이 중요해지고 있지요. 우리는 유튜브, 페이스북, 인스타그램, 트위터, 카카오톡과 같은 콘텐츠 공유 및 소셜네트워크 서비스를 넘어 챗GPT, NFT, AI 음성대화, 사이버휴먼, 메타버스와 같은 첨단 기술의 산물들에 휩싸여 생활하고 있습니다. 개인이든 기업이든 새로 등장하는 채널과 기술을 최대한 활용하고 내 것으로 만들 수 있을 때 새로운

> 거래 가능한 타깃으로 신흥 채널을 활발히 이용하는 고객

▼

고객 가치: SNS 소통 최적화

성장을 할 수 있습니다. 특히 SNS 활용이 더 그렇지요.

이미 기업과 기관에서 광고와 마케팅을 담당하는 마케터들은 SNS를 주요 홍보 수단 및 커뮤니케이션 채널의 제1순위로 삼고 있습니다. 값비싼 TV 광고보다 유명 유튜버와의 컬래버레이션이 더 효율이 좋으며 최소 비용으로 최대의 퍼포먼스를 누릴 수 있는 도구가 SNS라는 것 역시 모두가 인정합니다.

하지만 SNS는 지나치게 단기적이고 유행에 따라 민감하게 요동치는 특성을 지녔습니다. 그 특성을 잘 이해하고 그에 맞는 최적화된 스토리를 만들어 활용한다면 스마트폰에 대한 의존도가 점점 커지는 타깃 고객과의 소통을 더욱 매끄럽고 진지하게 진행할 수 있습니다. SNS 채널을 활용한 스토리텔링은 이제 선택이 아니라 필수입니다.

SNS 인증템 '세상에 없던 우유 시리즈'

SNS가 기업이 고객들을 향해 스토리텔링할 수 있는 주요 채널로 굳건하게 자리를 잡을 수 있었던 이유는 기업의 일방적인 목소리를 전달만 하는 채널이 아니기 때문입니다. SNS는 기업이 제공하는 메시지에 대해 고객이 참여와 반응을 보일 수 있는 채널입니다. 더해서 관계를 맺고 있는 다른 고객들에게로 확대, 재생산할 수 있는 바이럴 마케팅까지 가능하지요. 고객 개개인이 직접 반응하며 제품의 스토리를 확산시킬 수 있다는 엄청난 장점이 있습니다.

유명 인플루언서를 고용해 SNS 마케팅을 추진한다면 짧은 기간에 큰 효과를 거둘 수 있습니다. 하지만 인플루언서가 아니더라도 체험단을 운영하거나 잘 기획된 이벤트 프로모션을 전개하면 인지도를 효과적으로 높일 수 있습니다. 인플루언서의 조력 없이도 SNS를 통한 바이럴 확산에 성공한 사례가 있습니다. 바로 빙그레에서 출시한 '바나나맛 우유' 시리즈의 SNS 마케팅입니다.

빙그레의 '바나나맛 우유'는 1974년에 출시되어 매년 1,500억 원에서 2,000억 원의 매출을 올림으로써 빙그레 전체 매출의 20%를 꾸준하게 차지하고 있는 효자 아이템이지요. 스테디셀러 아이템 '바나나맛 우유'는 특유의 단지형 외관이 특징입니다. 이미 남녀노소 충성도 높은 고객들을 다수 보유하고 있지만 새로운 마케팅 활동을 멈추지 않고 있습니다.

빙그레는 2018년 '세상에 없던 우유 시리즈'를 내면서 본격적인

SNS 마케팅에 불을 지폈습니다. '오디맛 우유'를 시작으로 '귤맛 우유', '리치피치맛 우유'를 연이어 한정판으로 출시하면서 새로운 맛 우유가 출시될 때마다 소비자들로 하여금 해당 제품과 함께하는 '인증샷'을 찍어 SNS 올리도록 유도했습니다.

바나나맛 우유와 동일한 단지의 외형을 유지한 채 다양한 맛으로 출시된 '세상에 없던 우유 시리즈'는 곧 'SNS 인증템'으로 등극했습니다. 누구나 알고 있는 익숙한 외관이지만 한정판으로 출시된 희귀한 아이템, 일명 '희귀템'은 SNS에서 자랑하기에 훌륭한 소재가 됐지요. 기존 바나나맛 우유 단지에 동물 모양 프린트를 새겨넣은 '어흥 에디션'을 출시하는가 하면, 유튜브 채널 '안녕 단지'를 열어 성공시켰습니다. 이런 마케팅 시도들이 SNS와 좋은 시너지를 내면서 커다란 반향을 불러일으켰지요.

바나나맛 우유는 출시 후 50년이 다 되어갈 동안 맛과 형태의 변화가 거의 없었습니다. 하지만 고객들이 인증샷을 찍고 다양한 연출과 데코레이션을 통해 제품을 알리는 데 앞장을 서는 모습을 이끌어내면서, SNS를 통해 신선함을 전달했습니다.

다양한 맛의 우유 출시는 제품 다변화를 통해 매출을 견인하기 위한 목적도 있었겠지만 사실 스테디셀러인 바나나맛 우유에 대한 인지도를 환기시키기 위해서가 컸을 것입니다. 단지형 우유의 형태를 유지해 오리지널 격인 바나나맛 우유에 대한 관심을 다시 집중시키고 재미를 주며 매출 상승효과까지 거두고자 하는 의도가 적중한 것이지요.

　　오래된 아이템이라고 새로운 채널과 거리가 있다는 선입견을 품을 필요는 없습니다. 빙그레의 바나나맛 우유처럼 조금의 각색을 통해 참신하고 재미있는 스토리를 만들어낸다면 고객은 그런 시쳇말로 '꿀잼' 아이템을 그냥 내버려 두지 않을 것이기 때문이지요.

숏폼으로 Z세대를 사로잡은 틱톡TikTok

　　틱톡은 중국 기업 바이트댄스ByteDance가 2016년 출시한 숏폼 영상 공유 서비스입니다. 유튜브 등 강자들이 동영상 공유 서비스에서 오랫동안 굳건히 자리 잡고 있었습니다. 후발 주자인 틱톡은 짧은 영상의 숏폼 서비스를 집중 공략했습니다. 틱톡은 '15초의 미학'이라 불리며 전문 영역을 개척해냈지요.

틱톡이 전 세계에서 인기를 얻을 수 있었던 비결은 뭘까요? 다른 영상 플랫폼들이 정보 공유 등등 다양한 목적을 지향했던 반면, 틱톡은 오로지 짧은 영상으로 '재미'만을 추구했습니다. 그리고 다른 플랫폼은 관계의 중요성을 강조해 서로 친구, 구독 관계를 맺은 사람들 위주로 영상을 공유하게 구성되어 있었지만, 틱톡은 알고리즘에 의해 그 누구든 비슷한 기호만 가졌다면 영상을 공유하고 공유받을 수 있게 했지요. 제작이 쉽고 간결해서 쉽게 참여할 수 있다는 점도 장점이었습니다.

틱톡은 특히 Z세대를 중심으로 인기몰이를 하고 있습니다. 기존의 SNS인 페이스북이나 인스타그램 등은 Z세대들이 쓰기에 최적의 플랫폼이 아니었지요. Z세대는 가볍고 재미있는 짧은 콘텐츠를 만들어 그때그때 공유하는 것을 좋아했고 틱톡은 그 바로 욕구를 충족하는 서비스를 제공했습니다.

국내에서는 2020년, 가수 지코가 자신이 부른 '아무노래'로 짧은 영상을 만들어 공유하기 시작한 '아무노래 챌린지'를 기점으로 폭발적인 인기가 생겼습니다. 지코를 잘 몰랐던 사람들도 유명 인플루언서와 연예인들이 돌아가면서 참여하는 '아무노래 챌린지'의 강렬함에 매료됐습니다. 틱톡은 이를 기점으로 챌린지형 영상 콘텐츠의 성지가 됐지요. 음악과 함께 짧은 영상 콘텐츠가 주로 유통되는 틱톡과 챌린지의 성격이 맞아떨어졌기 때문에 가능했습니다.

동원참치는 틱톡을 통해 자사가 생산하는 참치에 대한 인식을 바꾼 대표적인 브랜드 사례로 꼽힙니다. 동원참치는 MZ세대에서 인기가 많은 아이돌을 모델로 기용해 숨을 쉬지 않고 동원참치에 관해 설명하는 긴 문장을 한 번에 내뱉는 20여 초의 짧은 영상 '#한숨에한캔챌린지'를 진행했습니다. 캔 참치는 젊은이에게 명절 선물이나 밥반찬 정도로만 여겨지는 관심 밖의 대상이었습니다. 하지만 틱톡을 통해 수많은 MZ세대들이 챌린지에 동참했지요. 그리고 그것은 동원참치에 대한 애정과 관심으로 이어져 동원참치에 대한 인지와 선호를 끌어올릴 수 있었습니다.

틱톡을 중심으로 숏폼이 인기를 누리자 유사한 숏폼 서비스들이 잇달아 생겨났습니다. 유튜브와 페이스북도 자존심을 버리고 '숏폼'을 도입해 전면에 내세우고 있습니다. 플랫폼 사업자들이 Z세대를 중심으로 형성되어 퍼져 나가는 밈 문화와 숏폼 콘텐츠의 중독성을 인정하고 본격적으로 활용하기 시작했지요.

전통적인 미디어 플랫폼과 광고 대행사도 이제는 숏폼을 기존의 동영상 플랫폼과는 별개로 생각합니다. 숏폼 자체를 하나의 중요한 커뮤니케이션 채널로 생각하며 전용 콘텐츠의 기획과 생산에 중점을 두고 있습니다. 틱톡이 Z세대를 공략해 전체 시장을 장악한 것처럼 특정 세대를 공략하려면 해당 세대의 특성과 기호, 트렌드를 잘 읽고 대응할 수 있어야 합니다.

'재미만을 추구한다'는 담백한 스토리텔링으로 틱톡이 Z세대를 접수한 것처럼, 타깃 고객의 문화와 성향에 맞는 메시지로 특정 고

©틱톡(newsroom.tiktok.com)

객군을 공략한다면 성공 후 그것을 교두보로 삼아 다른 타깃에게 영향력을 확대해 나갈 수 있습니다. 틱톡의 성공 사례는 스토리텔링이 길고 장황한 설명 없이도 짧고 간결한 콘텐츠로 구현할 수 있는 것임을 알려줍니다. 또 그 내면의 목적 또한 '재미'와 같이 단순한 것일 수 있다는 것을 잘 보여주고 있지요.

성공적인 비즈니스를 위한
스토리텔링 수립 A to Z

마케팅 계획을 수립하고 실행에 옮길 때면 어떤 단계에서 스토링텔링 기법을 적용해야 가장 큰 효과를 볼 수 있을지 의문이 들곤 합니다. PART 1의 도입부에 있는 표처럼 상품·서비스·브랜드의 시장조사, 기획, 개발, 출시, 홍보, 구매 권유, 구매 결정, 구매 후 피드백, 구매 경험 전파 등 수많은 마케팅 단계가 있지요.

대답은 당연하게도 '스토리텔링은 전체 과정에 모두 필요하다'입니다. 잘 만들어진 스토리텔링은 단순히 호기심을 불러일으키는 것에서 끝나지 않습니다. 구매 결정에 영향을 주고, 구매 행위 이후에도 만족감과 더불어 자신의 판단에 대한 확신까지 심어줄 수 있어야 스토리텔링의 역할을 다한 것입니다.

스토리텔링은 '감성마케팅'이기 때문에, 고객이 단순히 물건을 구매했다는 생각보다 상품·서비스·브랜드가 가지고 있는 이미지와 가치, 감성을 내 영역 안으로 들여와 나의 것으로 만들었다는 생각을 하게 해야만 성공했다고 할 수 있습니다. 따라서 스토리텔링 마케팅은 상품의 기획 단계부터 전략을 갖고 진행해야 합니다.

스토리텔링의 전략 수립이 어렵게 느껴진다면 고객이 상품을 접하고 구매하는 전 주기를 하나의 스토리 포맷과 같다고 생각해봅시다. 소재를 발굴해서 주제를 정하고 청자의 호기심을 자극한 다음, 이야기를 전개해 구매 결정이라는 절정에 이르게 하는 과정, 그리고 구매 후 감성적인 동기화가 이루어져 재구매를 고려하는 결말까지 이야기의 구조로 생각해 보는 것입니다.

물론 사업 진행의 모든 단계에 개별적인 스토리나 긴장을 늦추지 않기 위한 인위적인 장치들을 빼곡하게 배치할 필요는 없습니다. 여러 단계 중 하나의 단계에만 스토리텔링 기법을 적용해도 충분히 효과를 거둘 수 있습니다. 그렇지만 일부에만 스토리텔링 기법을 적용하더라도 전체적인 맥락과 결말을 생각하면서 스토리 포맷을 기획하고 적용해야 합니다.

스토리텔링이 고객의 구매 활동 전 주기에 영향을 미친다는 것을 알았습니다. PART 2에서 PART 4까지의 다양한 스토리텔링 기법과 적용 사례들에 대해서도 살펴봤지요. 이제는 성공적인 스토리 구성은 어떻게 하고 고객에게 전달하기 위한 활동은 어떻게 진행해야 하는지 상세하게 알아봅시다.

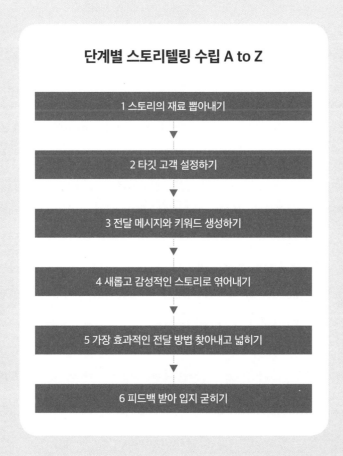

01

스토리의 재료 뽑아내기

×

스토리텔링의 첫 단계는 내가 마케팅할 대상에 대해 면밀하게 관찰을 하는 것으로부터 시작됩니다. 기업 내에서의 활발한 소통을 통해 작은 에피소드와 출시 과정의 자료를 수집하는 것도 도움이 됩니다. 작은 에피소드들을 정리해 보는 가운데 스토리텔링의 주요 소재가 우연히 발굴될 수도 있기 때문입니다.

필요하다면 해당 산업군에 대한 시장조사나 소재, 부품에 대한 조사를 통해 외부에서 자료를 수집하는 방법도 있습니다. 사내외에서 자료 수집의 단계를 거쳐야 비로소 다음 단계인 스토리텔링의 '재료 뽑아내기'가 가능해집니다.

다음의 그림은 스토리텔링의 재료가 될 수 있는 요소들을 나열해 본 것입니다. 최적의 스토리를 만들어내기 위해 가능한 아이템 모두를 전부 조사해 리스트를 작성해도 좋고 가장 적합하게 떠오르

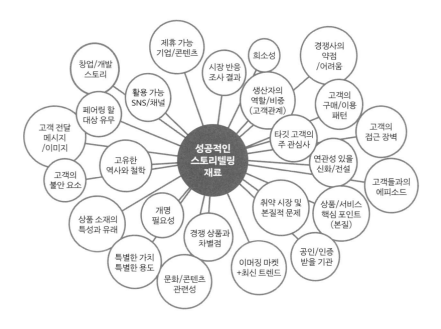

고객 전달
메시지
/이미지

창업/개발
스토리

제휴 가능
기업/콘텐츠

시장 반응
조사 결과

희소성

경쟁사의
약점
/어려움

페어링 할
대상 유무

활용 가능
SNS/채널

생산자의
역할/비중
(고객관계)

고객의
구매/이용
패턴

고유한
역사와 철학

성공적인
스토리텔링
재료

타깃 고객의
주 관심사

고객의
접근 장벽

고객의
불안 요소

개명
필요성

연관성 있을
신화/전설

고객들과의
에피소드

상품 소재의
특성과 유래

경쟁 상품과
차별점

취약 시장 및
본질적 문제

상품/서비스
핵심 포인트
(본질)

특별한 가치
특별한 용도

이머징 마켓
+최신 트렌드

공인/인증
받을 기관

문화/콘텐츠
관련성

는 항목을 깊이 있게 도출해 내는 것도 한 방법이 될 수 있습니다.

본질과 속성에 대한 관찰 방법은 크게 세 가지로 나눌 수 있습니다. 내부 요인, 외부 요인, 직접적인 관계는 없어 보이더라도 엮을 수 있는 이슈 및 트렌드 등을 관찰하는 방법이 있지요. 관찰과 조사의 대상이 매우 다양하므로 카테고리로 분류해 정리해 두는 것이 좋습니다. 조사된 것들을 라이브러리 형태로 보관한다면 향후 추가 스토리 발굴 시 다시 재료로 활용할 수 있지요.

특별한 이야기는 보통 우연히 만들어지지 않습니다. 각고의 노력을 기울여 소재를 짜내야 하고 특별함을 위해서는 고도의 창의성이 있어야 합니다. 우연한 발견으로 사업이 시작됐고 스토리의 재료가 되는 에피소드 또한 우연히 생성됐다 하더라도 그것을 알아차리고 하나의 완결성 있는, 우리의 이야기로 뽑아내는 것은 노력에 의해서만 가능하다는 말입니다.

스토리의 주요 소재가 되는 재료를 뽑아낸다면 목적한 스토리텔링의 8부 능선을 넘었다고 할 수 있지요. PART 2부터 4까지 소개한 22가지 스토리텔링 기법과 사례를 벤치마킹하여 그중 하나를 선택한 후 유사한 구도의 이야기와 소재를 발굴해도 좋습니다.

02

타깃 고객 설정하기

이 파트는 특히 중요하기 때문에 설명이 자세할 예정입니다. 성공하는 스토리텔링이 되기 위해서는 타깃이 되는 이야기의 청자, 즉 고객을 명확하게 정의하는 것이 너무나 중요하기 때문이지요.

하나의 스토리가 모든 계층, 모든 고객에게 통용되면 좋겠지만 때론 고객을 세분화하고 특정 고객을 대상으로 맞춤형 스토리를 제공해야 할 때가 있습니다. 상품과 서비스, 브랜드가 추구하는 가치와 타깃이 범용적인 것이 아니라면 어떤 타깃을 고객으로 설정하느냐에 따라 스토리텔링의 소재와 기법, 메시지 모두가 달라지기 때문입니다.

고객을 정의할 때는 내면의 심리 상태와 성향까지 파악해 두는 것이 좋습니다. 고객의 피상적인 모습만으로는 부족하지요. 하나의 물건을 구매하더라도 그 고객이 처음 구매 고객인지 재구매를 하는 고객인지에 따라 마음과 태도가 달라집니다. 기업이 그들에게 들려줄 이야기 역시 다를 수밖에 없습니다. 즉 초기 진입을 시도하는 테스트 고객인지 충성도 높은 단골고객인지를 구분해 파악해 놓고 있어야 원활하고 성공적인 커뮤니케이션이 가능합니다.

고객 구분을 명확히 해야 해당 고객이 현재의 단기적 가치에만 머무를지, 미래의 지속적인 가치를 가져다줄지를 판단할 수 있습니다. 이 정보로 타깃 스토리 전략과 채널, 내용까지 명확히 할 수 있지요. 가장 기본적인 인구통계학적 분류에 의한 고객 분석도 물론 필요합니다. 하지만 마케팅하고자 하는 기업과 고객과의 관계, 그리고 고객의 성향과 생활 패턴에 대한 조사, 분류를 통해 최대한 명확하게 타깃 고객을 세분화하는 작업을 해 두는 것이 좋습니다.

예를 들어 연령이 20대로 제품에 대한 니즈가 없어 거래 관계가 성립되지 않은 얼리어답터인 고객이라면 새로운 니즈의 기회를 열어주는 혁신적인 이미지로 스토리텔링을 전개해야 합니다. 50대로 해당 제품군에 대해 빈번한 니즈가 있지만, 경쟁사의 고객도 있을 수 있지요. 이때는 품질과 기술 중심으로 어필하며 경쟁 제품에 대한 불만을 파고드는 스토리로 고객을 설득해 나가야 합니다.

고객의 기본적인 특성을 먼저 파악하자

인구통계학적 분류는 타깃 고객을 분류할 때 가장 직관적이고 물리적인 방법입니다. 남성인지 여성인지, 주니어인지 시니어인지는 상품과 서비스를 최초 기획하는 단계에서 상품의 속성에 따라 거의 자동으로 분류되는 고객 특성입니다. 그렇지만 단순히 연령대로 유아, 어린이, 청년, 장년, 노년으로 구분할 것이 아니라 한 단계 더 나눠서 구체화할 필요가 있습니다.

성별, 연령대별 구분을 한 후에 성인의 경우는 배우자나 자녀가 있는 가정을 이룬 구성원인지, 직업과 소득은 어느 정도인지, 주거

타깃 고객의 인구통계학적 분석		분석 적용
성별	남성	
	여성	
연령	유아	
	13세 이하 어린이	
	10대 청소년	
	20대	
	30대	
	40대	
	50대	
	60대	타깃팅 혹은 타깃 제외 Target/ Non-Target
	70대 이상 시니어	
결혼/자녀	유	
	무	
주거 형태	1인 가구 여부	
	동거인 수	
	가구 내 지위	
직장, 거주지	직업	
	직장 위치, 거리	
	거주지 위치, 거리	
신체 장애	유	
	무	

형태는 아파트, 다세대, 단독주택 중 어떤 유형인지, 동거인 수는 몇 명이며 직장과 거주지의 위치와 그 거리는 각각 어떻게 되는지 등으로 세분화하는 것 입니다.

천편일률적인 성별과 연령대별 분석만으로는 구체적인 타깃팅이 이루어졌다고 볼 수 없습니다. 같은 성별, 나이대라도 상반된 직업과 주거 환경, 주거 형태, 가족 구성원 여부에 따라 전혀 다른 구매 패턴과 니즈를 가질 수 있기 때문입니다. 개인정보가 침해되지 않는 수단과 범위 내에서 신체장애 여부와 질병 이력, 건강 상태, 신체 사이즈 등 개인적인 특성과 제약 사항에 대한 통계를 파악하고 고객군으로 분류하는 작업도 타깃 정교화에 밑거름이 됩니다.

고객과의 거리감을 확인하자

인구통계학적인 타깃 고객 분류가 자연인에 대한 기계적, 도식적인 분류라고 한다면 거래 관계 기준 분류는 실제로 기업과의 거래 이력에 따른 친밀도와 상품의 사용 빈도 등에 따라 분류를 하는 것입니다. 실고객과 잠재고객, 비고객에 대해서 명확하게 파악하고 그것에 따른 구분을 가능하게 해 주는 장점이 있지요.

거래 관계 기준 분류는 크게 세 가지로 나눌 수 있습니다. ❶ 당사 상품 및 서비스에 대해 거래 경험이 전무한 고객과 ❷ 거래 경험은 있지만 현재의 거래 빈도가 미미한 고객, ❸ 주기적으로 또는 빈번하게 거래하는 고객입니다. 각각의 카테고리 고객에 대해 한 단계 더 깊이 있는 분류를 해 두면 타깃 마케팅에서 매우 유용하지요.

❶ 거래 경험이 없는 고객은 다시 우리 상품 및 서비스에 대한 인지가 전혀 이루어지지 않은 고객, 인지는 하고 있으나 경쟁사의 고객, 인지는 하고 있지만 니즈가 없어 거래하지 않는 고객의 세 부류로 나누어 볼 수 있습니다.

우리를 인지하지 못한 고객들이 많다면 상품에 대한 인지가 이루어질 수 있도록 '메시지의 확산'에 스토리텔링의 중점을 두어야 합니다. 경쟁사의 고객이라면 경쟁사와의 차별화에 강조를 두어 탈환해 오는 방향으로 전략을 수립해야 합니다. 인지는 하고 있지만 니즈가 없는 고객에게는 그들의 생활 패턴과 관련하여 새로운 니즈를 생성하여 소구해야 합니다. 필요에 따라서는 상품, 서비스를 수

타깃 고객의 거래 관계		고객 분류
❶거래 경험이 없는 고객	상품 및 서비스를 몰랐던 고객	잠재 고객Potential Customer
	경쟁사 고객	
	니즈가 없는 고객	
❷거래 경험 고객	거래 경험만 있었던 고객	경험 고객Light Customer
	경쟁사 제품을 교차 거래하고 있는 고객	수요 고객General Customer
	거래 의사가 소멸된 고객	소멸 고객Disappear Customer
❸거래 우수 고객	지속적으로 거래하는 고객(평균치)	충성 고객Heavy Customer
	빈번하게 거래하는 고객	
	충성도 높은 열성 고객	

정하고 설득하는 스토리텔링을 펼쳐야겠지요.

❷ 거래 경험이 있으나 지속적인 이용을 하지 않는 고객은 해당 상품과 서비스에 대한 필요성이 없어진 고객과 경쟁사 상품, 서비스와 교차 이용으로 빈도가 줄어든 고객, 거래 경험이 있지만 다른 상품과 서비스로 완전히 옮겨간 고객으로 나누어 볼 수 있습니다.

자사의 상품과 서비스를 경험해 보았지만, 경쟁사로 갔거나 교차 이용하는 고객도 있지요. 이 경우는 경쟁사 대비 개선점과 차별점에 대한 고민을 다시 해야 합니다. 근본적인 상품과 서비스의 경쟁 열위 요소를 제거하거나 극복할 방안을 수립해야겠지요. 이 극복 방안을 중심으로 스토리텔링을 진행해야 합니다.

❸ 주기적으로 또는 빈번하게 거래하는 충성 고객의 경우는 별다른 스토리텔링이 필요 없다고 생각할 수도 있습니다. 하지만 그들도 언제든 경쟁사로 옮겨 가거나 상품과 서비스에 대한 니즈가 없어질 수 있는 잠재 위험이 있지요. 언제나 이 사실을 잊지 말고 전략을 세워놓아야 합니다.

충성도 높은 고객에게 그들의 구매와 이용을 보다 더 강화할 수 있는 주기적 이벤트와 같은 스토리텔링을 진행한다면 더욱 강력한 확산 효과를 볼 수 있습니다. 그들을 중심으로 스토리가 퍼져 나가 우수 거래 고객의 범위와 수를 늘릴 수 있는 계기가 될 수 있지요.

고객의 심리와 감정을 읽어보자

심리/감정 상태에 따른 분류는 동일한 상태와 행위를 하더라도 그들의 마음이 어떤지를 보다 면밀하게 들여다보는 내면 관찰에 따른 구분입니다. 앞서 살펴본 거래 관계를 기준으로 하는 분류는 고객들의 구매 행위와 그 횟수라는 외면 관찰에 의한 물리적 행위에 따른 분류입니다. 결이 다르지요. 고객의 심리나 감정 상태를 세분화하면 향후의 행동 변화에 대한 예측까지 해볼 수 있습니다.

고객들이 현재는 우리 상품과 서비스를 빈번하게 이용하더라도 특정 기능과 품질에 심각한 불만을 품고 있을 수 있습니다. 그 고객은 곧 경쟁사의 대체 상품으로 옮겨갈 가능성이 크지요. 그리고 그런 고객이 늘어날수록 상품과 기업은 존폐 위기에까지 몰리게 되므로 고객들의 심리까지 파악한 후 대책을 세워 놓아야 합니다.

심리/감정 상태의 파악과 구분은 외관으로 관찰되는 것이 아닙니다. 심도 깊은 FGI(Focus Group Interview)나 고객 상품 검증단, 모니터링 요원 등을 운영하여 얻어낼 수 있으므로 상당한 비용과 시간, 노력이 필요합니다. 하지만 이 조사는 스토리텔링 마케팅에서는 그 어느 분류보다 중요합니다. 고객 분류와 각 분류에 따른 요인 분석이 명확하게 이루어진다면 이탈 가능성이 큰 고객들은 진성 고객으로 안정시키고, 이탈한 고객들은 다시 불러들일 수 있는 스토리를 구성할 수 있기 때문이지요.

심리/감정 상태에 따른 고객 분류를 세분화해 보자면 ❶ 현재

타깃 고객의 심리/감정 상태 → 소구점

구분	세부	타깃 고객의 심리/감정 상태	소구점
① 현재 고객의 마음 상태	불만/불안	상품에 대한 단순 불만 보유	불안정 요인Unstable Factor
		불안감/불안요소 보유	열망 요인Desire Factor
		미충족 욕구 보유	싫증 요인Boring Factor
	싫증	싫증으로 이용 감소	이동 요인Changing Factor
② 이탈 가능 정도	이미 이탈한 고객	경쟁사로 이동	수요 소멸 요인Extinct Factor
		니즈 없음	고이탈 요인High Leaving Factor
	아직 이탈하지 않은 고객	이탈 가능성 높음	중이탈 요인Middle Leaving Factor
		이탈 가능성 보통	저이탈 요인Low Leaving Factor
		이탈 가능성 낮음	독점 요인Exclusive Factor
		이탈 가능성 없음	

고객의 마음 상태에 따른 분류, ❷ 이탈 가능 정도에 따른 분류로 다시 구분해 볼 수 있습니다. 이 중 현재 고객의 마음 상태는 상품에 대해 크고 작은 불편과 불만을 가진 고객, 상품과 서비스 관련 불안감과 불안 요소를 보유한 고객, 상품과 서비스로 충족되지 못한 욕구를 보유한 고객, 싫증이 나서 새로운 것을 찾는 고객으로 나눠 생각할 수 있습니다.

각각의 분류에 따라 불만이 높은 고객이 다수 존재한다면 그것을 해소하고 풀어가는 스토리텔링 전략을 수립해야 합니다. 싫증을 느끼는 고객에게는 상품, 패키지, 네이밍, 스토리의 리뉴얼과 캠페인을 통한 새로운 메시지 전달로 환기를 불러일으킬 수 있겠지요.

이탈 가능성에 따른 분류는 이미 이탈한 고객부터 이탈 가능성이 없는 고객까지 세부적인 단계를 마련해 구분해 볼 수 있습니다. 각각의 이탈 사유와 이탈 유형에 대해 들여다본다면 이탈 고객을 방지하고 고객을 다시 유입시킬 수 있는 방향으로 스토리텔링 구상과 전략 수립을 할 수 있습니다. 이미 이탈한 고객도 경쟁사로 이동한 것인지, 니즈가 없어 이용을 중단한 것인지 정확하게 파악하여야 스토리텔링의 타깃과 메시지, 방향 등을 명확하게 할 수 있지요.

고객은 어떻게 제품을 접하고 구매할까?

심리/감정 상태에 따른 분류는 상품 및 서비스에 대한 태도와 피드백에 따른 분류입니다. 지금부터 다룰 생활/구매 패턴에 따른 분류는 특정 상품 및 서비스와 관계없이 인류사회학적 관점에서 고객군을 분류하는 것이지요.

신상품의 기획과 새로운 스토리텔링 전략 수립에 요긴하게 활용할 수 있는 정보입니다. 시장에 새로 진입하는 기업이나 전에 없던 신상품을 개발하여 내놓고자 하는 기업이라면 아주 세밀하게 목표 고객층을 공략하는 핀셋 타깃팅이 효과가 높습니다. 핀셋 타깃팅은 인구통계학적 분류와 더불어 타깃 고객군의 생활/구매 패턴의 파악을 통해 탄생합니다.

신상품의 경우 광범위한 고객군보다 얼리어답터 격인 좁은 범위의 선도 고객(Frontier Customer)을 먼저 타깃으로 삼는 것이 훨씬 효율적입니다. 선도 고객을 통해 마케팅 효과를 점진적으로 확산해 갈 수 있으므로 여느 타깃팅보다 경제적이지요.

생활/구매 패턴에 따른 분류는 구매 성향에 따라 새로운 물건을 도전적으로 구매해 보려는 적극층에 해당하는 '얼리어답터'와 다른 사람 모두가 사용하는 것을 보고 검증된 구매 행위를 진행하는 '슬로우어답터' 두 부류로 구분하거나, 평소 유행이나 트렌드에 민감한지의 여부를 지표화한 민감도에 따라서 구분할 수 있습니다.

타깃 고객의 생활/구매 패턴		고객 유형
구매 장벽/ 장애 직면 유무	유	어려운 구매자 Hard Buyer
	무	쉬운 구매자 Easy Buyer
구매 성향	구매속도 빠름	얼리 어답터 Early Adopter
	구매속도 느림	슬로우 어답터 Slow Adopter
	오프라인 구매 선호	오프라인 선호자 Offline Preferred
	온라인 구매 선호	온라인 선호자 Online Preferred
트렌드	트렌드 민감도 높음	유행 선도자 High Sensitive
	트렌드 민감도 보통	유행 추종자 Middle Sensitive
	트렌드 민감도 낮음	유행 방관자 Low Sensitive
	트렌드 민감도 없음	유행 무관자 Insensitive
주 이용 매체	전통 채널(TV, 라디오)	전통 매체 이용자 Traditional User
	온라인 채널(포탈, 유튜브)	온라인 매체 이용자 Online Media User
	신흥 채널(SNS, 숏폼 등)	신흥 매체 이용자 New Media User

주로 오프라인에서 구매와 이용 행위를 하는 고객과 온라인에서의 구매를 선호하는 고객들도 구분해 볼 수 있습니다. 오프라인과 온라인의 선호 정도에 따라 상품과 서비스를 인지하는 경로와 이용 패턴이 구분되는 바 어느 고객을 타깃으로 할지에 따라 스토리텔링의 내용과 형식, 송출 채널이 달라질 수 있지요.

또 최근에는 SNS와 라이브쇼핑을 통해 정보를 습득하고 구매하는 고객층이 늘어가고 있습니다. 다양한 SNS 중에서도 어떤 채널을 주로 이용하는 고객인지 특성을 관찰하고 그에 따른 고객 분류를 명확히 해야 합니다. 예를 들어 주로 시각 이미지를 통해 소통하는 채널이라도, 숏츠 위주의 틱톡과 사진 위주의 인스타그램은 주 사용 고객과 구매력에 많은 차이가 있습니다.

이처럼 분류된 타깃 고객이 누구인지와 그 고객이 어떤 상태인지에 따라 스토리텔링의 방향은 정반대로 기획될 수 있습니다. 타깃 고객 분석을 통한 '주요 타깃 설정'은 매우 중요합니다. 카메라 제품을 놓고 여러 광고 문구로 실험을 진행한 연구 결과가 있습니다. 이 연구에 따르면 '어떤 관점으로 접근하느냐'에 따라 각 타깃이 느끼고 공감하는 정도는 현저히 달라진다고 합니다. 청년층이 선호하는 문구와 노년층이 선호하는 문구가 완전히 달랐지요.

청년: 미지의 세계로 나아가 꿈을 포착하라

노년: 특별한 일상의 순간을 포착하라

두 문구는 특별히 다를 것이 없어 보입니다. 하지만 활동력이 왕성한 청년층에게는 '동적인 스토리'로 말을 거는 것이 효과적이고, 생활 속의 소소한 즐거움을 누리고자 하는 노년층에게는 다소 '정적인 스토리'로 말을 거는 것이 유용하다는 결과를 보여주지요. 모험을 즐기기에 부담을 느끼는 노년층에게 '미지의 세계를 포착하라'라는 식의 문구는 공감대를 형성하기 어렵다는 말입니다.

이 외에도 당연한 말이겠지만 연령, 성별, 국가, 지역, 인종, 부의 정도 등에 따라서 타깃으로 삼을 각 고객의 관점에서 스토리를 짜고 이야기를 해야만 설득력이 높다는 연구 결과가 많이 있습니다. 물론 특정 타깃을 정하는 것이 오히려 입지를 좁히는 역효과를 불러들이는 경우도 있지요. 하지만 타깃에 따라 스토리텔링의 접근 방법과 내용이 달라지므로, 우리는 우리가 주요 타깃으로 삼을 고객, 즉 청자를 최대한 세분화하고 명확하게 정의해야 합니다.

우리는 스토리텔링의 청자를 분류한 후 다음 단계로 나아가기 위해서 아래 중 하나의 기본 전략을 정의해야 합니다.

❶ 하나의 타깃군만을 설정해서 차별화된 메시지를 전달하는 '싱글 타깃 스토리텔링'

❷ 타깃군을 나누고 각각의 타깃군에 대해 서로 다른 메시지를 전달하는 '멀티 타깃 스토리텔링'

❸ 특정한 타깃을 구분 짓지 않고 범인류적 관점에서 소통하고자 하는 '범용 타깃 스토리텔링'

어떤 타깃 전략을 수립하든 타깃이 아닌 집단과의 구분을 위해서라도 모든 고객군에 대한 분류와 조사를 함께 진행하는 것이 좋습니다. 하나의 타깃군을 설정한다고 하더라도 타깃을 좀 더 세분화하여 미시적 관점에서의 타깃을 미세 공략할 것인지 보다 넓은 거시적 관점에서의 타깃 범주 정의를 통해 포괄적인 공략을 펼칠 것인지도 검토해 보아야 할 중요 포인트이지요.

타깃이 명확히 정해진다면 해당 타깃의 특성과 감성에 집중해 그에 맞는 소재와 감성의 언어, 메시지로 스토리를 정교화하는 작업을 진행할 수 있습니다. 이때 타깃 고객 설정은 스토리텔링 마케팅에 있어서 나침반과 같이 방향성을 제시합니다.

03
전달 메시지와 키워드 생성하기

✕

이야기를 듣는 청자까지 명확하게 정해졌다면 이제 발굴된 재료로 청자에게 전달할 '메시지'를 명확하게 구체화하는 작업이 필요합니다. 이야기의 소재에서 뽑아낸 차이점과 특별함을 타깃의 눈높이에 맞춰 더 고급스럽고 세련된 형태로 정제하는 과정이지요.

본격적인 스토리의 구성 전에 목표 타깃을 향해 전달하고 싶은 핵심 메시지를 먼저 정리해야 합니다. 메시지가 여러 개라면 선택과 집중을 위해 우선순위를 정해두는 것이 좋습니다. 메시지의 형식은 하나의 문장일 수도 있고 몇 가지 연관성 있는 단어의 나열일 수도 있습니다. 또는 그림이나 상징물 같은 이미지이거나 선언적 의미를 지닌 색깔 하나로도 정의될 수 있지요.

이 단계를 소설 창작에 비유하자면 소설의 '주제'를 정하는 과정입니다. 기업이 가진 브랜드와 상품, 서비스의 이미지가 이야기

목표 및 구분에 따른 주요 메시지 키워드 예시

구분 목표	새로 만든 상품·서비스·브랜드	기존에 있던 상품·서비스·브랜드
이미지 제고	**[새롭게 등장한]** [친환경] [창의적인] [역동적인] [진보적] [품질과 기술로 승부하는] [사회공헌]	**[역사와 전통을 지닌]** [친환경] [독보적인] [안정적인] [보수적] [오랜 경험과 노하우] [사회공헌]
매출 확장	**[첫번째 시도]** [출시 프로모션] [새로운 것을 체험해볼 절호의 기회] [유익한] [특정 TPO에 꼭 필요한]	**[다양한 응용]** [고객감사 프로모션] [콜라보로 특별함이 더해진] [필수적인] [특정 TPO에 다시 찾게 되는]
점유율 확대	[타깃 고객들이 선호하는] [경쟁사에 없던 특별한 가치] **[알지 못했고 전에 없던 것을 시도]**	[많은 사람들이 신뢰하는] [경쟁사 대비 독보적 가치] **[알고 있었지만 안 해 봤던 것을 시도]**
고객 확보	[특별한 경험을 선사] **[타깃 고객만을 위한 아이템]** [시장개척] [새로운 트렌드에 합류]	[익숙하고 검증된 경험에 동참] **[누구나의 범용적인 아이템]** [시장확장] [기존의 잣대를 고수]
인지도 창출	[혁신적인 아이템] [충격/반전] **[놀랍고 새로운 스토리]** [제휴/협업/차용] **[이미지 창출]**	[변함 없이 사랑 받는 아이템] [재발견] **[진실되고 아름다운 스토리]** [콜라보레이션] **[이미지 쇄신]**

하고자 하는 핵심 내용을 거르고 걸러 한 문장 또는 하나의 상징과 같은 이미지로 응축해 정리해 놓는다면 후속 작업으로 스토리를 엮어낼 때 중심을 잃고 곁가지로 빠져드는 것을 방지할 수 있습니다. 그리고 주제를 선명하게 해 놓는 것은 기승전결의 이야기 구조 전반에 걸쳐 명확한 메시지를 놓치지 않고 녹여내는 데에도 큰 도움이 됩니다.

메시지는 동일한 목적이라도 상품과 서비스, 브랜드의 특성에 따라 크게 달라질 수 있습니다. 시장에 새로 진입하는 상품이냐 아니면 이미 일정 고객을 확보한 기존 상품이냐에 따라서도 달라집니다. 예를 들어 지향하는 목적이 같더라도 신상품인지 아닌지 여부에 따라 스토리텔링에 담길 메시지는 확연히 다를 수 있지요.

스토리텔링을 위해 달성하고자 하는 목표는 크게 이미지 제고, 매출 확장, 시장 점유율 확대, 고객 확보, 인지도 창출의 다섯 가지로 구분해 볼 수 있습니다. 스토리텔링으로 마케팅해야 할 대상이 신규 상품인지 기존에 존재하고 있던 상품인지를 먼저 구분하고 그 목표가 무엇인지 정의한 후 메시지와 핵심 키워드를 명확하게 정리한다면 다음 단계가 한층 더 쉬워질 것입니다.

04

새롭고 감성적인 스토리로 엮어내기

×

관찰을 통해 뽑아낸 소재를 기반으로 타깃에 맞는 주제인 메시지와 키워드까지 산출했다면 이제 이것들을 버무려 개연성 있는 구조를 지닌 이야기로 엮어내면 됩니다. 지루하고 엉성한 구조의 이야기가 되지 않으려면 앞서 언급한 N·A·T·U·R·A·L(New Idea, Actuality, Trivia, Unusualness, Relationship, Alternativeness, Life)의 한 가지 또는 서너 가지의 요소를 버무려야 하지요.

우리는 이미 앞선 PART 2부터 4에서 충분히 많은 서술 구조를 배웠습니다. 이 스토리텔링 기법들을 참고해 뽑아낸 주제와 메시지를 활용해서 창의적인 방법으로 우리의 것과 연결 지어 설명하거나 각색하는 서술 구조를 만들어보세요. 이 과정까지 왔다면 남은 것은 전달 방법인 채널을 선정하는 일입니다.

스토리텔링의 스토리는 전에 없던 새롭고 감성적인 언어와 내용으로 채워져야 하지만 그 이야기 구조는 누가, 언제, 무엇을, 어떻게, 왜의 요소가 설정된 기승전결의 서사를 품고 있는 것이 좋습니다. 물론 채널을 통해 공표를 하거나 스토리를 전달할 때에는 설정해 놓은 전체 스토리를 이야기할 것 없이 하나의 키워드, 메시지, 이미지, 영상으로 짧고 간결하게 표현해야 보다 효과적입니다.

스토리를 외부로 표출할 제목과 외형을 만드는 것은 빼놓을 수 없는 일입니다. 이름을 짓는 네이밍Naming과 더불어 스토리텔링에 있

마케팅을 위한 스토리텔링의 서사구조 예시

누가(Who)	언제(When)	무엇을(What)	어떻게(How)	왜(Why)
창업주/경영진	창업할 때	기업/브랜드	새롭게 하다	고객을 위해
기업/브랜드	개발/발견했을 때	상품/서비스	콜라보하다	더 나은 사회를 위해
상품/서비스	아이템 발굴했을 때	타깃 고객	기여/공헌하다	고매한 가치를 위해
이용 고객	첫만남을 가졌을 때	고객 니즈/가치	해소/해결하다	세계화를 위해
유명인/인플루언서	이용할 때	고객 불편/장벽	개선/강화하다	전통을 지키기 위해
이슈 및 트렌드	최근(지금)	이슈 및 트렌드	발전시키다	기술 발전을 위해
신화/전설/사건	먼 옛날	사회/문화/기술	만들어내다	경제 성장을 위해

기	승	전	결
배경 및 기원, 유래 설명	일반 스토리 전개	극적 스토리 전개	확장성 있는 스토리 결말
문제/갈등/장벽/이슈 제기	핵심 소재/주제/철학에 대한 기술	이슈 증폭, 반전의 메시지 전파	향후 계획 및 포부 (결과 예측 기반)
과거와 현재의 상태 서술	스토리의 목적 및 이유 공표	주요 행동 및 이벤트 시행, 적용	스토리 확산을 위한 대상 확대
반전을 위한 암시	상품/서비스의 핵심 가치 전달	전략적 차별화 전략 수행	스토리텔링의 교훈과 시사점

어 부가적인 인터페이스 역할을 하는 것은 로고, 심볼, 캐치프레이즈, 캐릭터, 색깔, 징글Jingle, 향기, 글씨체, 포장, 기념품, 정기간행물, 홈페이지, SNS, 오프라인 공간 등이 있습니다. 이런 요소 또한 직간접적으로 스토리텔링 스토리를 완성하고 강화하는 스토리텔링의 일부분이지요.

스토리를 만들고 난 후에는 이 스토리라는 콘텐츠를 밖으로 표출하는 인터페이스, 즉 상징물들을 만들어 고객과 소통하고 고객들로 하여금 스토리와 상품을 떠올릴 수 있게 하는 연상 작용을 도와야 합니다. 지금부터는 함축적으로 전체 스토리를 전달할 수 있는 채널이자 그릇, 인터페이스를 소개해 보겠습니다.

네이밍

소설 출간에 비유하자면 책 제목을 짓는 것이 상품과 서비스, 브랜드의 네이밍이지요. 스토리텔링의 메시지가 고객에게 온전하게 전달되기 위해서는 시간이 필요할 뿐 아니라 그 시간 동안 반복적으로 노출되어야 합니다. 그러므로 한 단어로 상품과 서비스, 브랜드를 대표하여 표현하고 아울러 스토리텔링까지 떠올릴 수 있는 이름을 짓는 네이밍은 매우 중요한 스토리텔링의 과정입니다.

상품명은 고객이 부르기 쉽고 이해하기 쉬운 어감을 지녀야 하며 무엇보다 스토리로 표현하려는 상품, 서비스, 브랜드와 잘 어울려야 합니다. 때론 어감이나 운율, 트렌드를 반영해 고객의 주의를 환기하고 오랫동안 머릿속에 각인되게 하는 방법이 사용되기도 합니다. 단어와 단어의 조합으로 할 수도 있고 일반적으로 쓰이는 말이 아닌 불어나 독일어, 스페인어에서 따오거나 그리스어 등 고대 언어를 소환해 이국적이면서 신비로운 느낌을 줄 수도 있습니다.

만약 기존과 다른 이름을 새로 만들어 붙일 때는 제품의 속성과 사용 트렌드를 관찰하여 기능적인 내용이 강조된 이름을 지을 수도 있고, 따라 부르기 쉽고 제품 연상이 쉬운 발성이 강조된 이름을 지을 수도 있습니다. 최근 트렌드는 기존처럼 두 글자 내지 세 글자의 딱딱한 명사형의 이름 대신 긴 문장의 대화체나 영어와 한국어를 혼용하는 등 고정적인 관념을 벗어난 방법이 많이 쓰이고 있습니다. 이 모두는 고객들의 기억에 새롭고 강렬한 인상을 남기기 위한 시도입니다.

출시된 상품과 서비스의 반응이 그리 크지 않을 때나 출시된 지 오래되어 고루한 이미지의 쇄신이 필요할 경우도 있지요. 이때는 외관 변경, 기능 개선을 함께 진행하면서 이름을 바꾸고 새롭게 의미를 부여해볼 수 있습니다. 단 기존 브랜드나 상품명의 인지도가 너무 높을 때는 기존 이름을 그대로 사용하고 앞뒤에 '플러스', '베타', '뉴'라는 수식어를 붙여볼 수도 있지요. 이렇게 그 의미를 덧붙이고 소폭의 타깃 보정을 하는 것만으로도 도움이 됩니다.

굳이 물리적인 이름 자체를 바꾸지 않고 기존 이름이 가지고 있던 의미에 색다름을 더해 성공한 사례도 있습니다. 칠레 와인

'1865'의 경우 와이너리가 생긴 연도인 1865년을 상품명으로 내세운 와인이지만 한국의 골프 애호가 사이에서는 골퍼들이 즐기는 와인으로 알려졌지요. 칠레 산페트로사의 와인 '1865'가 '18홀을 65타에'라는 의미로 해석되어 불리기 시작하면서 골프광들에게 인기를 얻게 된 것입니다. 한국의 와인 유통사에서는 이를 놓치지 않고 '1865 골프백 패키지' 등을 출시하며 '골프 와인'으로서의 입지를 다져가고 있습니다.

고전을 면치 못하던 '모메존 석류'가 '미녀는 석류를 좋아해'로 이름을 바꾸고 '진로'가 '참이슬'이라는 이름 변경으로 이미지 쇄신을 했지요. 필요하다면 비용이 다소 들겠지만 이름과 CI, BI를 바꿔보고 새로운 의미로의 해석을 덧붙이는 것도 검토해볼 만합니다.

로고와 심볼

네이밍한 것을 상품, 서비스, 브랜드를 상징하는 가시적인 형태로 보이도록 구체화한 것이 바로 로고입니다. 로고는 고객에게 전달하고자 하는 스토리텔링의 메시지와 의미를 담아야 합니다. 소위 짝퉁이라 불리는 가품이 샤넬, 루이 비통, 프라다, 에르메스와 같은 명품의 로고를 도용하고 중소 신생 업체들이 벤치마킹하는 이유는 바로 로고를 통해 고객들이 떠올리는 명품의 감성을 그대로 가져올 수 있기 때문입니다. 그래서 대부분의 유명 브랜드들이 로고를 중요시하고 제품 자체와 함께 법적 관리 대상의 제1순위로 삼지요.

로고만큼은 아니지만 로고와 더불어, 때로는 단독으로 상품과 서비스, 브랜드를 상징하고 표출하는 것으로 심볼을 들 수 있습니다. 로고가 주로 텍스트로 이루어진 이름의 가시화라면 심볼은 해당 제품을 상징하는 그림 즉 이미지입니다. 스토리텔링을 중시하는 기업들은 출시할 제품의 소재와 같은 핵심 요소, 제품이 만들어진 연원과 관련된 이야깃거리를 그래픽으로 형상화하여 심볼을 만듭니다. 따라서 로고보다 심볼이 더 스토리텔링의 메시지와 밀접한 관계를 맺고 있지요. 이미지가 텍스트보다 더 직관적이며 감성적인 메시지를 전달하기에 적합하기 때문입니다.

잘 알려진 심볼의 사례를 들자면 만년필로 유명한 명품 브랜드 몽블랑MontBlanc이 있습니다. 몽블랑은 알프스 산맥의 봉우리 이름을 그대로 가져와 네이밍했고, 검은 바탕에 하얀색 잉크 방울이 떨어진 것을 형상화한 심볼을 만들어 사용하고 있지요. 몽블랑이 만든 명품에는 이름이나 로고 없이 심볼만이 붙어 있는데 그것이 몽블랑의 명품이라는 것을 단번에 알아차릴 수 있을 정도로 강렬한 인상을 줍니다.

캐치프레이즈

스토리텔링의 메시지를 전달하기에 이름과 로고는 너무 짧고 지나치게 함축적이라는 한계가 있지요. 그렇다고 전체 스토리를 들려주기에는 고객과의 접점 채널이 제한적인 상황에서 시간과 공간의 제약이 있습니다. 이때 사용할 수 있는 것이 바로 짧은 메시지 문구인 캐치프레이즈입니다.

'슬로건Slogan' 또는 '헤드라인Head Line'이라고도 불리는 캐치프레이즈는 '남의 주의를 끌기 위해 내세우는 광고, 선전 목적의 문구나 표어'라는 사전적 의미가 있습니다. 브랜드의 이름이 한 단어에 불과하다면 캐치프레이즈는 하나의 완성된 문구로 표현되어 훨씬 강력하고 많은 의미를 전달할 수 있지요. 메시지 전달의 도구로 빈약할 수 있는 이름, 로고, 심볼을 보강할 수 있습니다.

또 쉽게 바꾸거나 변경하기 어려운 이름과 로고, 심볼과 다르게 캐치프레이즈는 비교적 바꾸기가 쉽습니다. 상품과 서비스의 업그레이드가 이루어질 때마다, 시즌에 따라, 또는 매년 바꾸어 가며 기업과 제품의 이미지를 새롭게 재정비할 수 있다는 장점이 있지요. 때로는 직전의 캐치프레이즈와 정반대의 메시지로 목소리를 냄으로써 상황 반전의 도구로 활용할 수도 있습니다.

나이키의 'Just do it', 삼성의 '또 하나의 가족', 벤츠의 '최고가 아니면 만들지 않습니다', 샤넬의 '패션은 사라져도 스타일은 남는다', 월마트의 '언제나 최저의 가격(Always Low Price)', 롯데칠성의 '맑고 깨끗한 사이다', 두산의 '사람이 미래다' 등이 성공한 캐치프레이즈라 할 수 있습니다.

캐릭터

이미지를 시각화하는 작업은 그 제품이 속한 카테고리에 따라 캐릭터로 형상화되기도 합니다. 명품류의 패션, 장신구 업계보다 주로 어린이를 대상으로 한 제품이나 식음료, 패스트푸드 제품을 다루는 기업이 자사의 제품을 홍보하고 흥미로운 스토리텔링을 전개하기 위해 사용하는 방법입니다. 몇몇 캐릭터는 이미 유구한 역사와 유명세를 갖고 있는데 어떤 수식어구나 텍스트 없이 캐릭터의 노출 또는 이미지만으로도 제품을 떠올릴 수 있어 로고나 심볼만큼이나 파급력이 큽니다.

대표적인 유명 캐릭터로는 맥도날드의 노란색 옷에 삐에로 분장을 한 '로날드 맥도날드Ronald McDonald', KFC 할아버지라 불리는 KFC의 창업자 '할랜드 샌더스Harland David Sanders'의 캐릭터, 엠엔엠즈M&M's 초콜릿의 마스코트 캐릭터 등이 있지요. 캐릭터는 살아있는 인격체의 느낌을 주어 고객에게 좀 더 친근감과 감성적인 이야기를 전달할 수 있는 수단이 되기도 합니다.

캐릭터를 독자적으로 만들기 어렵다면 이미 유명한 캐릭터와 컬래버레이션을 통해 이미지 입기를 할 수 있습니다. 직접 만들어 낸 것이든 컬래버레이션을 한 것이든, 브랜드가 지명도 높은 캐릭터를 가지고 있다는 것은 다양한 채널을 통해 스토리텔링을 전개해야 하는 입장에서 매우 유리하지요.

뽀로로가 '뽀통령'이 되고 무민MOOMIN과 둘리가 장수 인기 캐릭터로 자리를 잡을 수 있었던 이유는 그 캐릭터가 팬들에게 들려줄 다양한 에피소드를 갖고 있기 때문입니다. 아무리 예쁘고 정교한 캐릭터라도 캐릭터와 고객간에 스토리를 통한 교감이 이루어지지 않는다면 지속적인 효과를 발휘하기 어렵습니다. 기업 또는 브랜드의 캐릭터가 활력을 얻고 고객들과 소통하기 위해서는 캐릭터에 생명을 불어넣는 입체적인 에피소드가 함께해야 합니다. 그 에피소드는 바로 스토리텔링에 의해서 창조되어야겠지요.

색깔

로고와 심볼, 캐릭터를 동원하지 않더라도 색깔 하나로 해당 제품을 떠올리고 그 제품이 전달하고자 하는 메시지를 느끼게 한다면 그 기업은 대단히 성공적인 스토리텔링을 이루어낸 것입니다. 마법 같은 일이지요.

티파니앤코의 민트색, 타이항공의 보라색, 에르메스의 오렌지색은 그 고유의 색깔만으로도 브랜드와 브랜드가 전달하고자 하는 격이 느껴질 정도입니다. 스타벅스의 초록색, 카카오의 노란색, 네이버의 연두색, 코카콜라의 빨간색, 포카리스웨트의 파란색, 레모나의 노란색 등도 색깔을 통한 스토리텔링의 일환입니다.

색깔 하나로 상품과 서비스, 브랜드를 상징하고 그 제품이 주는 이미지를 감성적으로 전달하고자 하는 시도는 생각보다 많이 일어

나고 있습니다. 앞의 독보적 사례를 제외하고도 한 기업이 하나의
색깔로 정체성을 갖는 것은 이제 CI, BI 정립에서 필수입니다.

징글과 향기

징글은 소리를 통한 환기로 기업의 메시지를 전달하는 방법입
니다. 징글은 음향적인 신호에서부터 CM송까지를 모두 아울러 부
를 수 있는데 짧은 멜로디를 통해 상품과 서비스, 브랜드의 정체성
을 전달함은 물론 음향적인 신호의 특성상 고객들의 흥얼거림을 통
해 깊은 각인까지 이룰 수 있는 장점이 있습니다.

가장 대표적인 성공 사례로는 인텔Intel의 징글을 들 수 있지요.
다양한 브랜드의 컴퓨터에 CPU를 공급하는 인텔은 단독 광고를
하기보다 인텔 칩이 들어가는 컴퓨터 제조사 광고의 끝에 인텔의
로고와 함께 징글이 송출되도록 하는 정책을 추진했습니다. 그리고
이것은 컴퓨터와 광고 업계에 상당한 파급력을 가져왔습니다.

단 4개의 단음만으로 이루어진 인텔의 징글은 컴퓨터를 사용하
는 사용자라면 누구나 '인텔칩이 들어가 있다'는 것을 인지할 수 있
게 했지요. 귀로 듣는 징글은 눈으로 보는 1차원적인 시각적 메시
지보다 더 사람들의 상상력을 자극하며 뇌의 연상 작용을 끌어내는
것으로 알려졌습니다. 복잡한 홍보 이미지와 광고 문구의 홍수 속
에서 청명하게 들려오는 징글의 메시지가 사람들의 의식을 각성하

기에 훨씬 효과적일 수 있습니다.

LG전자 세탁기의 '세탁 종료 멜로디'가 화제가 되기도 했습니다. 물이 세탁기 안에서 철썩철썩 돌아가는 모습을 형상화했다는 멜로디는 10여 년 동안 LG전자 세탁기 정체성의 한 부분으로 인식되며 사랑을 받고 있습니다. LG전자 내부 기술진이 만들어낸 특유의 종료 멜로디가 흘러나오는데, 세계 각국의 이용자들이 다양한 악기를 이용해 해당 멜로디를 따라 연주하는 밈Meme을 만들어 퍼뜨렸었지요. 많은 가전사의 냉장고와 세탁기, 전자레인지에서 다소 듣기 싫은 '삐~삐~'라는 단순 경고음만 들려주고 있다는 것과 견주어본다면 다양한 분야에서 징글에 대해 고민하고 적용을 검토해볼 필요가 있습니다.

'만나면 좋은 친구 MBC 문화방송'이나 '잠깐만, 우리 이제 함께 해봐요'로 시작하는 캠페인송, 'X파일'이나 '그것이 알고 싶다' 방송의 타이틀 멜로디 등은 각 분야에서 성공한 징글입니다. 오랜 시간이 지나도 흥얼거리게 되는 CM송의 제품들이 장수 상품으로 꾸준한 인기를 누리는 것만 보아도 징글의 위력을 알 수 있지요.

짧은 징글이 비록 스토리를 전달하는 수단으로는 부족함이 많고 스토리텔링 마케팅의 영역을 다소 빗나간 것으로 보일 수도 있습니다. 하지만 징글을 통해 주의를 환기시킨 후 스토리텔링의 메시지를 전달한다면 고객들은 조건반사처럼 징글을 들을 때마다 상품과 서비스, 브랜드의 이미지와 메시지를 떠올리게 됩니다. 스토리텔링 마케팅에서의 마중물로 유용하게 활용할 수 있는 것이지요.

또 많이 쓰이는 방법은 아니지만 향기를 통해 매장과 상품을 떠올리게 하는 스토리텔링도 가능합니다. 빵집에 들어서면 빵 굽는 냄새가 나고 카페에 입장하면 커피 볶는 냄새가 나야 고객의 구매 욕구를 자극할 수 있다는 것은 널리 알려진 사실입니다. 냄새로 인한 자극이 있을 때 관련된 기억이나 감정이 생생하게 되살아난다는 '프루스트 효과Proust Effect'는 검증되어 익히 알려져 있습니다.

해외의 고급 호텔과 마사지샵, 패션샵을 방문하면 그들만의 독특한 시그니처 향수를 만들어 매장에 활용하는 사례가 종종 있지요. 마케팅하고자 하는 목적에 따라서 후각을 자극하는 향기를 통해 이미지를 생성하고 고객의 머릿속에 각인 효과를 주는 것이 어떤 시각적 수단보다 강력할 수 있습니다.

글씨체와 포장

현대의 CI, BI에서는 이름을 표기하는 특별한 폰트를 만들어 고유의 색깔과 느낌을 연출하는 것이 대세입니다. 일반적으로 보급된 텍스트를 그냥 사용하기보다 캘리그라피에 가까울 정도로 개성이 강하고 디자인적인 요소를 살린 글씨체를 만들어 상품과 브랜드의 정체성을 나타내려는 경우가 많아졌지요.

독특한 글씨체는 멀리서도 그 제품의 정체성을 알아보기 쉽게 하는 데 일조합니다. 최근에는 온라인 기업을 중심으로 고객들이

워드 프로그램에서 사용 가능한 공개 서체를 만들어 배포하는 일이 많습니다. 특별한 폰트의 제작과 사용 역시 스토리텔링의 확산은 물론이고 제품과 서비스에 대한 정체성 확립과 직간접적인 홍보의 역할을 톡톡히 하고 있지요.

특별한 포장으로 시그니처의 형태를 띠는 사례로는 프리미엄 초콜릿으로 불리는 페레로 로쉐Ferrero Rocher와 푸라닭 치킨이 있습니다. 페레로 로쉐는 금색 호일을 초콜릿의 형태대로 동그랗게 말아 투명한 케이스에 넣어 판매하고 있고 푸라닭 치킨은 더스트 백Dust Bag 을 외부 포장재로 사용함으로써 고급스럽고 차별화된 이미지로 스토리텔링하고 있지요. 기존 업계의 관행을 깬 포장 형태의 변화만으로도 신생 브랜드의 제품들은 화제의 중심에 설 수 있는 만큼 포장재와 포장 형태 하나하나에도 신경을 써야만 합니다.

정기간행물

정기간행물이라고 하면 종이로 만들어진 브로셔 형태의 잡지를 한정해 말하는 것으로 생각하기 쉽습니다. 하지만 현대의 정기간행물은 딱딱하고 한정된 포맷만을 고집하지 않습니다. 스포츠 구단이나 케이팝 기획사가 팬을 위해 발간하는 콘텐츠 같은 것도 고객과의 소통을 위한 정기간행물의 한 형태라 할 수 있지요.

마케팅 동의를 한 고객에게 이메일, 링크 메시지로 정기적으로

웹진이나 상품 관련 소식지를 보내는 것도 이 범주에 속합니다. 정기간행물은 이제 아웃바운드_Out-Bound_로 고객에게 전달하는 기업 주관의 메시지 전달 수단이라 생각하면 이해가 쉽습니다. 클래식한 감성으로 인쇄된 간행물을 우편으로 발송할 수도 있고 이메일 또는 링크가 걸린 SNS 게시물이나 문자메시지를 통해 전달할 수도 있습니다.

열성 고객이라 하더라도 지속적인 관리와 정보의 교류가 없다면 그 열기가 식거나 마케팅에 열성을 보이는 경쟁사의 상품과 서비스, 브랜드로 눈을 돌리기가 쉽습니다. 주기적으로 소식을 알리고 제품과 관련된 스토리를 공유해야 하지요. 그 속에서 고객은 제품과 연결을 지속적으로 유지해야 할 이유와 명분을 찾습니다. 이를 또 주변의 지인들에게 전파하면서 영향력이 확대되고 또 재생산될 수 있습니다.

서비스페이지와 SNS

정기간행물이 고객을 찾아보내는 아웃바운드 메시지라 한다면 일명 홈페이지라 불리는 기업의 웹페이지는 고객이 스스로 찾아 방문하고자 할 때 대처하는 인바운드_In-Bound_ 대응의 성격이 짙습니다.

고객은 상품과 서비스, 브랜드에 대한 궁금증이 생겼을 때 포탈의 검색 엔진을 사용하기도 하지만 직관적으로 도메인을 찾아 접속합니다. 따라서 초기 고객 응대와 재방문을 위해서도 적절한 도메인을 확보해야 하지요. 온라인의 홈페이지라고 해서 회사의 소개나 제품, 서비스, 브랜드의 특성을 설명하는 공간으로만 활용해서는 안 됩니다. 스토리텔링을 위한 채널로 활용할 줄 알아야 합니다.

기업이 취급, 판매하는 제품이 온라인 서비스가 아니더라도 홈페이지 자체가 서비스를 제공할 수 있습니다. 최근에는 QR코드를 노출해 모바일 웹페이지로 유입을 유도하거나 간단한 스마트폰 어플리케이션을 만들어 배포함으로써 메시지 전달을 시도하려는 추세가 확대되고 있습니다. 앱 푸쉬 기능을 활용하면 회원 관리, 적립 이벤트를 펼칠 수 있고, 개별 고객과 적극적이고 직접적으로 소통할 수 있지요. 서비스페이지 기획과 콘텐츠 역시 스토리텔링으로 만들어지고 관리가 되어야 합니다.

또 기업이 별도의 소셜네트워크 계정을 만들어 고객과 소통을 시도하는 것이 일반화되어 가고 있습니다. 앞서 언급한 고객을 찾아가는 아웃바운드와 고객이 찾아 들어오는 인바운드 스토리텔링의 중간 정도 되는 개념이지요. 젊은 고객들일수록 적극적으로 SNS를 통해 먼저 검색하며 가볍게 알아보는 것부터 시작합니다.

SNS를 통한 스토리텔링은 별도의 연구가 필요할 정도로 각각의 SNS 플랫폼 특성에 따라 접근 방식과 메시지, 콘텐츠 형태가 천차만별입니다. 하나의 SNS 채널에서도 급격하게 이용 패턴과 트렌드가 바뀌기 때문에 주의 깊은 관찰과 대응이 필요합니다. 하지만 트렌드를 늦지 않은 적기에 반영한다면 SNS는 그 어떤 채널보다 더 확실하고 빠른 효과로 보답하지요.

오프라인 공간

오프라인 공간인 매장은 오프라인 접점에서 고객에게 말을 걸 수 있는 공간이 됩니다. 따라서 일관성과 연결성이 유지될 수 있도록 그곳을 채울 콘텐츠 기획과 관리에 소홀해서는 안 됩니다.

최근에는 정식 매장 외의 공간을 활용하여 오프라인 스토리텔링 채널을 확대해 가려는 경향도 커지고 있습니다. 오랜 역사를 가진 기업들은 상품과 서비스, 브랜드에 대해 박물관이나 전시관을 기획하고 투어 프로그램을 만드는가 하면 자사의 매장이 아닌 지역의 거점들과 컬래버레이션을 통해 스토리 기능을 강화합니다. 처음 사업이 시작된 곳 또는 사업의 중심지를 기반으로 박물관이나 전시관을 만드는 것은 상품과 서비스에 대한 자신감의 표현이자 오리지널리티Originality를 강화하는 강력한 수단이 됩니다.

또 팝업스토어 같은 게릴라성 상점의 오픈과 이벤트도 많이 진행되고 있지요. 팝업스토어는 일반적인 상점을 운영하는 것보다 스토리텔링 마케팅을 전개하는 측면에서 비용 대비 큰 효과가 납니다. 고정 비용의 지출 없이 짧고 굵게 오프라인 프로모션으로 스토리를 전달할 수 있지요.

05

가장 효과적인 전달 방법 찾아내고 넓히기

✕

잘 짜인 구조의 스토리와 인터페이스까지 만들어냈다면 스토리에 따라 어떤 채널을 이용해 고객에게 전달하는 것이 가장 효과적일지 판단해야 합니다. 잘못 선정된 채널은 스토리텔링의 효과를 반감시키고, 적절하게 매칭된 채널은 스토리텔링이 가져올 수 있는 영향력을 극대화하기도 하지요. IT기술과 플랫폼의 발달로 과거와 달리 스토리텔링을 전할 수 있는 수단과 채널은 매우 다양해졌고 그에 따라 별도의 마케팅 전략을 수립해야 할 때도 있습니다.

최초에는 상품과 서비스, 브랜드의 스토리가 가장 중점을 두는 타깃에 적합한 채널 한두 가지만을 선택해 소통에 집중할 수밖에 없습니다. 그러나 이후 타깃 고객들에게 어느 정도 인지가 이루어지거나 또는 그 반대로 채널의 효과가 미미할 때는 소통의 채널을 확대하거나 바꾸어 보아야 합니다. 특정 채널을 통해 타깃 소통에 성공했다면 채널 확장으로 저변을 넓힐 필요가 있을 것이고, 많은 자원을 투입했는데도 소득이 없다면 소통 채널 또는 타깃을 잘못 선택한 것일 수 있기 때문이지요.

고객 소통이 어느 정도 효과를 발휘했을 때 채널을 넓히는 것은 최초 성공한 채널과 최대한 유사한 형태의 채널부터 대상으로 삼는 것이 좋습니다. 이를테면 온라인의 특정 채널을 통해 효과를 거두고 있는 경우에, 역시 인접한 온라인을 중심으로 한 채널 확대를 우선 고려하는 것이지요.

특정 채널에 집중했지만, 고객에게 인지 또는 감동을 주지 못했다면 정반대의 성격을 지닌 채널 공략으로 과감하게 변화해야 합니다. 잘못된 스토리텔링이 반복되고 나아가 일반 대중 속으로 널리 알려져 굳어지면 해당 상품과 서비스, 브랜드의 경쟁력은 영영 회복할 수 없는 미지의 세계로 떨어질지도 모릅니다.

때에 따라서는 대상 고객의 변경도 필요하고 스토리텔링의 메인 스토리와 포맷, 구성 요소 모두를 바꿀 수도 있습니다. 스토리텔링이 만족스러운 결과를 내지 못한다면 잘못된 타깃 설정, 감성에 어필하지 못하는 스토리, 연결성과 구도의 문제, 채널 설정의 오류 등 여러 변수 때문일 수 있습니다.

온라인에서의 채널 확장(온라인 to 온라인)

특정 온라인 채널을 통해 소기의 성과를 거두어낸 경우, 트렌드에 맞추어 다수의 새로운 온라인 채널로 콘텐츠 유통을 확장해 볼 수 있습니다. 스탠리STANLEY는 1913년, 윌리엄 스탠리 주니어가 미국에 세운 보온병 제조 기업입니다. 스탠리는 글로벌 브랜드로 오랜 역사를 지녔고 품질에서도 자신감을 가지고 있었지만, 상당 기간 미국과 글로벌 어디에서도 독보적인 지위를 차지하지는 못 했었습니다. 그러던 스탠리는 '친환경'이라는 이슈와 맞물리면서 새로운 전기를 맞게 됐지요. 스테인레스 보온병 텀블러tumbler의 사용으로 '1회용 플라스틱 쓰레기를 줄이자'는 캠페인이 펼쳐지자 극적인 변화가 일어난 것입니다.

텀블러를 이용한 환경 보호 캠페인은 스탠리 외에도 여러 식음료 업체와 텀블러 제조사에서 시도했습니다. 하지만 스탠리의 방식은 조금 달랐지요. 여성 환경 보호 운동가들을 지원하면서 그들과 스토리를 만들었습니다. 그리고 기사와 블로그, 이벤트 등 온라인을 통해 그 스토리를 확산시켰습니다. 온라인 채널의 이야기를 통해 스탠리의 친환경 이미지를 공고히 할 수 있었고 그것은 곧 이용자와 매출의 확대로 이어졌습니다.

2022년 이후에도 친환경 이미지의 기업 스탠리가 텀블러 제조사 중에서 독보적인 위치로 치고 나갈 수 있었던 것은 새로운 온라인 채널인 틱톡을 통한 MZ세대 공략 때문이었습니다. 스탠리는 틱톡 인플루언서와 유명인들을 섭외해 그들이 퀀처The Quencher라는 모델의 텀블러를 들고 다니는 모습을 틱톡에 노출했지요.

커다란 텀블러를 들고 다니며 수시로 수분과 커피를 충전하는 모습은 곧 환경과 건강 모두를 생각하는 MZ세대의 트렌드로 자리 잡았습니다. 틱톡의 영향으로 여러 개의 퀀처를 색깔별, 크기별로 구입해 옷을 갈아입듯 매일 다른 것을 들고 다니는 유행마저 생겨났습니다. 틱톡에서는 '#WaterTok'이라는 해시태그가 'The Quencher'라는 스탠리의 제품명과 함께 수천만 건 생성됐습니다. 스탠리의 텀블러 퀀처는 2년 전인 2020년 대비 매출이 275%나 증가했고 품절 현상까지 빚어졌지요. 스탠리는 온라인 채널의 새로운

©스탠리(stanley1913.com)

트렌드를 관찰하고 확장해서 그에 맞는 콘텐츠로 기업과 브랜드의 가치를 전달해 성공한 사례입니다.

오프라인에서의 채널 확장(오프라인 to 오프라인)

명품과 같이 상품의 가치를 오프라인 매장의 분위기와 서비스로 전달하는 제품의 경우, 비교적 가볍게 취급될 수 있는 온라인으로 커뮤니케이션 채널을 확장하기는 어려운 일입니다. 여러 이유가 있겠지만 온라인에 집중할 경우 오프라인에서 쌓아 온 상품의 격조와 이미지에 손상을 입을 수 있다는 우려가 있기 때문이지요.

그렇기에 오프라인을 통해 고객과 소통해 온 기업들은 먼저 오프라인을 중심으로 채널 확장을 시도해 볼 수 있습니다. 직영 매장이나 유통 매장의 단조로움에서 벗어나 다양한 이벤트와 행사를 만들어 고루하지 않은 이미지를 고객들에게 전파하는 것입니다.

온라인이 강화되는 추세에서 오프라인 채널의 확장을 도모한다는 것이 시대의 조류에 편승하지 못하고 뒤처지는 것은 아닌가 우려할 필요는 없습니다. 기업은 오프라인을 중심으로 행사를 진행하고 이벤트를 열더라도 그것에 참여하는 고객들 스스로가 그것을 온라인 콘텐츠로 가공해 자신들의 SNS를 통해 온라인에 전파하기 때문입니다. 기업은 직접적인 리스크 없이 다수 고객으로 하여금 온라인 콘텐츠를 생성할 기회를 마련하게 되고, 기존의 이미지와 전략은 유지하면서 온라인에까지 스토리를 전파할 수 있는 일석이조의 효과를 거둘 수 있습니다.

버버리는 영국의 보수적인 성향과 맞물려 주로 오프라인 매장이나 패션쇼 등을 통해 브랜드의 이미지와 품질을 관리해왔습니다. 창업 초기의 디자인 패턴을 그대로 고수하는 것으로도 알려져 명품 중에서도 가장 보수적인 브랜드가 버버리였지요.

하지만 2022년 선임된 CEO 조나단 아케로이드Jonathan Akeroyd는 전통을 유지하면서도 새로운 시도를 통해 더 많은 스토리로 고객과 소통하기를 희망했습니다. 그는 런던을 시작으로 서울, 상하이, 뉴욕, 도쿄의 세계 5개 도시를 돌며 독특한 팝업 스토어를 선보이는 버버리 스트리트 프로젝트Burberry Street Project를 기획했지요. 조나단 아케로이드는 버버리 스트리트에 대해 '영향력 확대와 브랜드에 대한 새로운 에너지를 전달할 수 있는 절충적인 공간'이라며 버버리가 혁신과 변화를 진행하고 있음을 전달할 것이라 공표했습니다.

런던 이후 두 번째로 2023년 가을, 서울 성수동에 마련된 팝업 매장 '성수 로즈'는 온라인으로 진행된 입장 예약이 오픈되자마자 마감될 정도로 인기를 누렸습니다. 예상대로 오프라인에서의 채널 확장은 고객이 자발적으로 참여하는 SNS로 퍼져나갔습니다. 버버리라는 전통적인 명품 브랜드와 제품에 관심을 두고 있던 고객 사이에 이슈를 불러일으키면서 재차 흥행했지요. 오프라인 기반의 기업이 다시 오프라인에서의 새로운 시도와 채널 확장을 통해 성과를 거두고 있는 사례입니다.

온라인에서 오프라인으로 확장 (온라인 to 오프라인)

서비스가 온라인에서만 이루어지는 게임, 통신, 포탈, 메일, 호스팅, 앱/웹서비스 기업도 온라인에서의 고객 커뮤니케이션만으로는 한계를 느낄 때가 있습니다. SNS를 중심으로 전개되는 온라인 채널의 스토리텔링은 유사 업종 간의 무한 경쟁으로 타깃 고객에게 차별적인 메시지를 전달할 수 없습니다. 과도한 온라인 마케팅이 고객에게 피로감을 주기도 하지요.

많은 온라인 기반 기업들에서 오프라인을 통해 한계를 보완하고자 하는 채널 확장의 움직임이 일어나고 있습니다. 이 경우 오프라인의 전통적인 강자들과 임시 또는 영속적인 제휴를 맺는 컬래버레이션의 형식을 쓰고 있지요. 즉 오프라인에서 자체적으로 경쟁력 있는 상품을 만들 수는 없으므로, 인지도 높은 기성 상품과의 컬래버레이션을 통해 동반 성장하는 전략을 펼치는 것입니다.

최근 온라인 게임 업계에서는 식음료 프랜차이즈와 컬래버레이션을 통해 게임을 알리고 고객의 충성도를 끌어올리는 시도가 부쩍 늘어나고 있습니다. 온라인 특화 상품의 스토리텔링이 오프라인으로 확장된 전형이라 할 수 있지요. 게임 관계자들은 '비용이 많이 투입되어 직접적인 수익을 얻을 수 있는 구조는 아니다. 하지만 게임 유저들의 이용에 대한 감사의 마음을 오프라인에서 실물로 전달하며 새로운 즐길 거리를 제공한다는 측면에서 큰 효과가 있다'며 입을 모으고 있습니다.

특히 식음료 프랜차이즈와의 컬래버레이션이 활발한 이유는 대부분의 온라인 게임과 식음료 프랜차이즈의 타깃이 겹칠 뿐 아니라 프랜차이즈를 이용할 수 있는 모바일 교환권을 온라인 게임에서 증정할 수 있어 상호 협력할 수 있는 구조가 형성됐기 때문입니다.

게임 기업 넥슨이 게임 '메이플스토리'로 대표적인 식음료 프랜차이즈인 설빙, 더벤티와 컬래버레이션 메뉴를 만들어 프로모션을 진행하기도 했습니다. 호요버스의 게임 '원신'이 피자알볼로와, 엔씨소프트의 게임 '퍼즈업 아미토이'가 크리스피크림 도넛과 제휴를 통한 컬래버레이션 상품을 잇달아 내놓고 있지요. 고객 반응도 긍정적입니다.

게임 '포켓몬'의 띠부씰을 넣고 포켓몬 캐릭터로 포장한 '포켓몬빵'이 오랫동안 커다란 반향과 성공을 거둔 적이 있지요. 온라인 상품과 서비스가 직관적인 식음료 먹거리와 결합해서 동반 성장하는 모델에 대한 가능성도 엿볼 수 있습니다.

오프라인에서 온라인으로 확장(오프라인 to 온라인)

전통적인 오프라인 기반의 상품 역시 온라인으로의 채널 확장을 도모해 볼 수 있습니다. 편의점 브랜드 CU는 메타버스 서비스 중 하나인 제페토의 가상 공간 내에 CU제페토한강점 등 가상 편의점 몇 곳을 오픈했습니다. 메타버스 공간을 이용하는 고객들이 메타버스로 구현된 매장과 물건을 보며 구매까지 할 수 있게 구현했지요. 연간 방문자는 6,000만 명을 넘어섰고 200만 개의 아이템이 팔렸다고 합니다. CU는 오프라인 기반의 비즈니스를 운영하는 기업이었지만 온라인의 선도적인 채널 확장을 통해 타 편의점 브랜드 대비 빠르고 앞서가는 CU의 이미지를 고객에게 전달할 수 있었습니다. 고객의 반응은 메타버스에만 머무는 것이 아니라 곧 오프라인 사업에 대한 선호로까지 이어졌지요.

블록 완구 제조사 레고는 2014년 영화 제작배급사 워너브라더스WarnerBros를 통해 레고의 장난감 블록과 캐릭터들이 등장하는 영화 〈더 레고무비The LEGO Movie〉를 선보였습니다. 단기간에 5억 달러가 넘는 수입을 올리며 영화 콘텐츠로서 전 세계적인 흥행을 거두기도 했습니다. 〈더 레고무비〉는 어렸을 때 레고를 가지고 놀았던 중장년층에게는 향수와 복고를 불러일으켰고, 온라인 게임에 빠져 있던 청년과 유아동에게는 레고 블록에 대한 관심과 흥미를 일으켰지요.

온라인 게임과 콘텐츠에 밀려 역사의 뒤안길로 사라질 수도 있었던 오프라인 장난감 레고가 온라인 채널에 맞는 콘텐츠 제작과 스토리 전달이라는 확장을 통해 기존 사업을 재차 부흥시킨 것입니다. 레고는 가장 적극적이고 가장 혁신적인 방법으로 채널 전환을 시도했습니다. 본연의 사업을 유지하고 확장시킴은 물론이고 제2, 제3의 비즈니스 모델도 만들어낸 대표적인 성공 사례라 할 수 있습니다.

06

피드백을 받아 입지 굳히기

×

소비자들의 호응과 스토리에 대한 감동이 일시적인 것에 머물다 사라지기 전에 자리 잡게 하기 위해서는 재확인 과정이 필요합니다. 유명 가수나 배우도 인기작 이후 그에 버금가는 후속작이 없다면 빠르게 잊히게 마련인 것과 같은 이치입니다.

고객의 피드백을 받아 입지를 굳히는 단계는 스토리텔링 이후 구매자인 고객과의 커뮤니케이션을 통해 그 반응을 관찰하고 점검하는 것에서부터 시작됩니다. 스토리텔링을 한창 진행하는 중간 단계보다 일단 스토리텔링 캠페인이 종료된 후 점검해야 보다 객관적이고 정확한 데이터를 얻을 수 있습니다. 고객과의 관계를 발전시키고 한 단계의 도약을 이루기 위해 점검해야 할 피드백 항목은 다음과 같지요.

❶ 최초 스토리텔링에서 의도한 바대로 고객들이 메시지를 정확하게 이해하고 받아들이고 있는지(스토리텔링 메시지의 정확한 전달 여부)

❷ 고객들이 인지한 상품, 서비스, 브랜드의 스토리텔링이 고객들의 기억 속에 어느 정도 각인되어 잔존하고 있는지(스토리텔링의 휘발성 여부)

❸ 스토리텔링을 통해 전달된 감성적인 메시지가 해당 상품, 서비스, 브랜드에 대한 구매/이용 의사에 영향을 미치고 있는지(스토리텔링의 실용성 여부)

❹ 실제 구매를 하지 않더라도 주위의 사람들에게 해당 스토리를 전파하거나 이야기할 의사가 있는지(스토리텔링의 화제성, 확장성 여부)

❺ 해당 상품과 서비스 또는 동일 카테고리의 제품군에 대해 듣거나 떠올릴 때 스토리텔링에서 전달한 이야기가 자연스럽게 떠오르는지(스토리텔링의 연계성, 연상성 여부)

위의 내용에 고객이 긍정적인 반응을 보인다면 스토리텔링 마케팅은 어느 정도 성공한 것으로 볼 수 있습니다. 하지만 고객들이 전부 또는 일부 항목에 대해 부정적인 반응을 보이거나 명확한 판단을 내리지 못할 만큼 인지하지 못하고 있다면 해당 요소에 대한 스토리텔링 전략을 수정하거나 보완해야 하지요.

스토리텔링의 기획 단계에서는 합리적이고 설득력이 있는 것처럼 보였으나 고객들의 부정적인 피드백으로 인해 그것을 철회하고 스토리텔링의 방향을 전면 재수정한 사례가 있습니다. 스타벅스는 2015년 7월부터 스타벅스의 본류라 할 수 있는 미국 439개 매장에서 오후부터 늦은 밤까지 주류 메뉴를 팔기 시작했습니다. 수면에 방해가 된다는 사유로 저녁 시간에 커피를 찾는 고객이 낮보다 적다는 점을 참조했지요. 매장의 공간을 고객 친화적이고 융통성 있는 공간으로 재설계를 해 보자는 야심찬 기획으로 출발한 프로젝트였습니다.

이브닝스 프로그램Evenigs Program이라 불린 이 프로젝트는 저녁 시간 10여 종의 와인과 맥주를 팔며 그에 맞는 다양한 안주까지 페어링해 구비했었습니다. 퇴근 후 간단한 술 한잔을 원하는 고객의 수요에 맞춤형 서비스를 제공한 것입니다. 기획했던 바와 같이 오픈 초기에는 비교적 한산한 저녁 매장에서 가볍게 술 한잔을 기울일 수 있는 것에 대한 고객의 호응도 좋았고 커피 판매보다 높은 매출이 예상되어 의심할 여지없이 좋은 의사 결정으로 여겨졌지요. 그리고 미국에서의 성공을 모델로 전 세계 스타벅스 매장으로 해당 프로그램을 확대할 계획까지 세우기도 했습니다.

그러나 스타벅스의 이브닝스 프로그램은 시행 1년여 만에 종결하게 됩니다. 그것은 바로 '스타벅스'라는 브랜드에 충성도가 높았던 대다수 기존 고객의 반응 때문이었습니다. 스타벅스를 자주 찾는 고객은 낮이든 밤이든 조용한 공간에서 커피를 마시며 담소를 나누거나 독서하고, 업무를 처리하고자 하는 사람들이었습니다. 그들은 그들의 공간이 시끌벅적한 술집으로 변해가는 것을 지켜보기 힘들어했고 곧 반기를 들었습니다. 스타벅스가 효율적인 매장 활용에 집착한 나머지 고객 대부분이 그것에 동의할 것이고 쉽게 설득할 수 있다는 착각의 늪에 빠졌던 결과였지요.

충성도 높은 기존 고객을 잃게 될 상황에 처한 스타벅스는 곧 '이브닝스 프로그램'을 종료하고 아늑하고 건전한 공간으로 매장을 돌려놓을 수밖에 없었습니다. 다행히 빠른 판단 덕분에 고객의 유출은 많지 않았고 정체성의 혼란도 겪지 않을 수 있었지요. 교훈을 얻은 스타벅스는 술을 파는 이브닝스 프로젝트 대신에 특화된 커피를 제공하는 리저브Reserve 매장을 만들어 고객들이 선호하는 핵심적인 가치에 집중함으로써 한 단계 더 성장하게 되었습니다.

스토리텔링은 다른 마케팅 수단에 비해 한 번의 성공으로도 그
영향력이 오래 지속되는 속성을 가지고 있습니다. 하지만 과거와
달리 현대 사회에서는 후속 스토리의 발굴과 관리, 리마인드, 확대
재생산을 하지 않으면 빠르게 잊힐 수도 있는 리스크가 생겼지요.

기존에 없던 새롭고 다양한 매체가 생겨나고 그를 통한 정보의
홍수가 밀려드는 상황에서 고객들에게 인입되는 스토리 컨텐츠의
경로와 양 또한 방대해지고 있습니다. 따라서 고객들의 의식 속에
특별한 스토리를 만들어 각인시킨다는 것은 점점 더 어려워져 가고
있는 것이 현실입니다. 과거에는 잘 만든 스토리 하나로도 확고하
게 자리를 잡을 수 있었지요. 하지만 현대에는 하나의 이야기로만
또는 하나의 채널로만 스토리텔링을 이어간다면 반짝 효과를 넘어
선 영향력을 갖는 것이 힘들게 되고 있습니다.

따라서 스토리텔링 전략을 수립할 때에는 상품과 서비스, 브랜
드에 최적화된 메인 스토리를 만들고 최대한 다양한 채널에 적합한

형태로 변형하여 송출하는 원소스 멀티유즈One-Source Multi- Use 방법을 적극 활용해야 합니다. 또 함께 후속편의 스토리를 만들어 상품과 서비스, 브랜드에 대한 입지를 강화하는 단계적 콘텐츠 강화 전략을 함께 세워야 합니다.

잘 짜인 스토리텔링의 유통 전략이 스토리 자체보다 몇 배는 더 큰 파급 효과를 가져올 수 있습니다. 스토리텔링을 위한 콘텐츠의 생성에만 집중할 것이 아니라 타깃팅과 채널 선택, 전략적 유통과 효과 검증, 피드백에 따른 보완, 재확산의 전 주기에 걸친 관리와 강화를 실행에 옮길 줄 알아야 한다는 말이지요.

그렇게 된다면 상품과 서비스, 브랜드는 그것들이 본래 가졌던 가치보다 더 크고 확장성 있는 것, 지속 가능한 것으로 확고한 지위를 확보할 수 있게 됩니다. 그리고 그것을 가능하게 했던 스토리텔링의 스토리는 상품과 서비스, 브랜드가 사라진 그 순간 이후에도 사람들의 기억과 역사 속에 영원히 살아남아 숨 쉴 것입니다.

일 잘하는 마케터는
스토리를 만든다

초판 1쇄 2024년 5월 23일
초판 2쇄 2024년 6월 10일

지은이 박희선
펴낸이 허연
편집장 유승현 **편집2팀장** 정혜재

책임편집 이예슬
마케팅 김성현 한동우 구민지
경영지원 김민화 오나리
디자인 김보현 한사랑

펴낸곳 매경출판㈜
등록 2003년 4월 24일(No. 2-3759)
주소 (04557) 서울시 중구 충무로 2(필동1가) 매일경제 별관 2층 매경출판㈜
홈페이지 www.mkpublish.com **스마트스토어** smartstore.naver.com/mkpublish
페이스북 @maekyungpublishing **인스타그램** @mkpublishing
전화 02)2000-2630(기획편집) 02)2000-2646(마케팅) 02)2000-2606(구입 문의)
팩스 02)2000-2609 **이메일** publish@mkpublish.co.kr
인쇄·제본 ㈜M-print 031)8071-0961
ISBN 979-11-6484-685-6(03320)